Diez años en la cuenca del Canal de Panamá
Canal, agua, gente y ambiente

Por: Jaime Massot Hernández

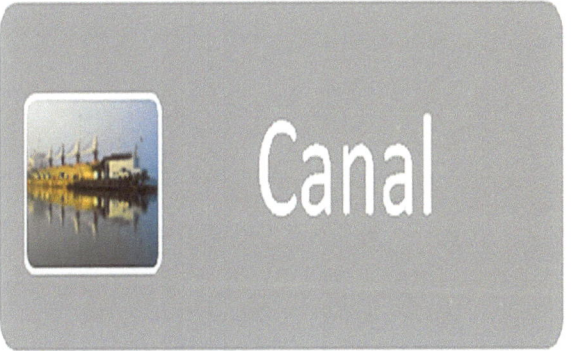

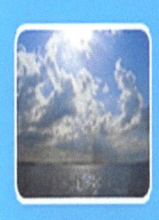

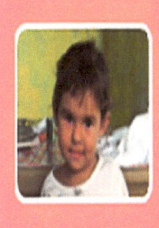

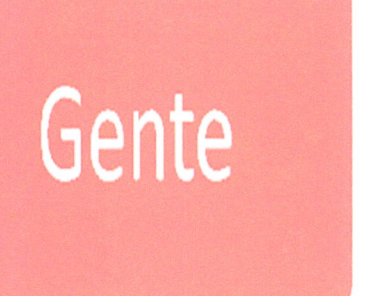

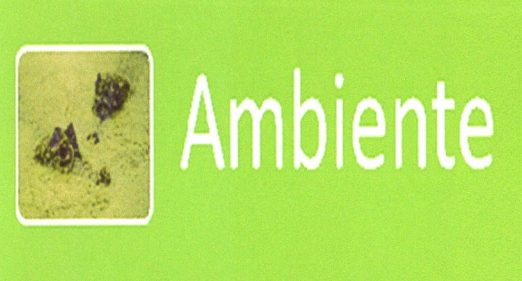

La gestión integrada de los recursos hídricos es el proceso que promueve la gestión y desarrollo coordinado del agua, la tierra y los recursos relacionados, con el fin de maximizar el bienestar social y económico resultante de manera equitativa, sin comprometer la sostenibilidad de los ecosistemas. Involucra, en el caso de la cuenca del Canal de Panamá, a cuatro elementos fundamentales: Canal, agua, gente y ambiente.

Las 60 imágenes que se presentan en esta publicación, son un reflejo de esta gestión y resultado de diez años de labores en la cuenca del Canal y alrededores durante el periodo comprendido entre los años de 1999 a 2008. Las fotos resaltan los cuatro principios rectores de la Declaración de Dublín (1992):

1. El agua dulce es un recurso finito y vulnerable, esencial para sostener la vida, el desarrollo y el medio ambiente.
2. El aprovechamiento y la gestión del agua debe inspirarse en un planteamiento basado en la participación de los usuarios, los planificadores y los responsables de las decisiones a todos los niveles.
3. La mujer desempeña un papel fundamental en el abastecimiento, la gestión y la protección del agua.
4. El agua tiene un valor económico en todos sus diversos usos en competencia a los que se destina y debería reconocérsele como un bien económico.

Cada imagen presenta en su encabezado el título de la foto, ubicación donde fue captada y fecha. Además, debajo de la imagen, un dicho o refrán relacionado al contenido. Aunque el Canal, agua, gente y ambiente son temas dependientes e íntimamente relacionados, se han separado y presentado escalonadamente para una mayor repercusión individual.

Índice CANAL

Número de página / Título de la fotografía / Ubicación / Fecha

---

1. Goofy / Paso del buque de pasajeros "Disney Magic" por las esclusas de Pedro Miguel / 16 de mayo de 2008.

5. Rojo, azul y blanco / Bandera panameña y buque BRO ARTHUR en el lago Gatún / 13 de mayo de 2008.

9. Construcción en las nubes / Estación de comunicaciones de Peñas Blancas en cerro Negro / 3 de junio de 2002.

13. Arcoíris / Cerro Paraíso a la izquierda y el puente Centenario al fondo / 20 de enero de 2005.

17. Labores en medio de la tormenta / Helipuerto de Batatilla en la antigua región occidental de la cuenca / 6 de octubre de 2004.

21. Engaño visual / Buque luego de colisión en el Canal a su paso por las esclusas de Pedro Miguel / 15 de marzo de 2002.

25. Hito histórico / Explosión inaugural de la ampliación del Canal frente al cerro Paraíso / 3 de septiembre de 2007.

29. Las mulas del Canal / Locomotora 100 en el lado este de las esclusas de Miraflores / 9 de abril de 2006.

33. Desde la grúa Titán / Mantenimiento de las esclusas y vista del lago Miraflores / 18 de diciembre de 2002.

37. Niebla matutina / Esclusas de Pedro Miguel en el lago Gatún / 28 de agosto de 2007.

41. Ayer y hoy / Barcos de vela y pasajeros en las esclusas de Pedro Miguel / 18 de abril de 2001.

45. Al inicio de la jornada / Vista de las esclusas de Pedro Miguel desde el edificio 105 / 26 de octubre de 2004.

49. Una infame costumbre / Robo de los paneles solares de la ACP (estación de Caño) / 27 de junio de 2003.

53. Contraste de colores / Buque en el lago Gatún próximo al poblado de Gamboa / 26 de mayo de 2000.

57. Mes de la patria en Colón / Derrames desde el vertedero del lago Gatún / 21 de noviembre de 2001.

Índice AGUA

Número de página / Título de la fotografía / Ubicación / Fecha

2. Maravillosa serenidad / Lago Gatún en las cercanías de la estación de Humedad / 28 de agosto de 2008.

6. 25 píes debajo del nivel máximo operativo / Lago Alhajuela por el sector de Nuevo Caimitillo / 6 de abril de 2004.

10. Reflejo espectacular / Lago Gatún cerca del poblado de Cuipo / 28 de agosto de 2008.

14. Todo fluye / Cascada del río Caño Quebrado al noroeste del distrito de La Chorrera / 12 de junio de 2002.

18. Corriente natural que fluye con continuidad / Río Ciri Grande en la estación de Cañones / 29 de marzo de 2006.

22. Testigos del llenado del embalse en 1934 / Lago Alhajuela a un nivel de agua de 214 pies / 9 de mayo de 2007.

26. Estela al amanecer / Corte Culebra en el tramo de Cucaracha con el puente Centenario al fondo / 20 de enero de 2006.

30. Reflejos ribereños / Río San Juan de Pequení en la confluencia con la quebrada Candelaria / 23 de enero de 2008.

34. Una mano extendida al cielo / Árbol remanente del llenado del lago Gatún en 1913 / 4 de enero de 2005.

38. Unión fraternal / Confluencia de los ríos Pequení y Boquerón en el lago Alhajuela / 6 de septiembre de 2007.

42. Iluminación divina / Lago Gatún en las proximidades de la estación de Guacha / 28 de enero de 2004.

46. Agua y tierra / Sección transversal del río Piedras vista desde arriba / 25 de julio de 2003.

50. Erosión aguas arriba / Río Coclé del Norte en su confluencia con el río Cuatro Calles / 16 de septiembre de 1999.

54. Tecnología del siglo XXI / Puente peatonal sobre el río Ciri Grande en la estación de Cañones / 10 de febrero de 2000.

58. Amanecer antes de la competencia anual de cayucos / Lago Gatún próximo al atajo Banana / 3 de abril de 2004.

Índice GENTE

Número de página / Título de la fotografía / Ubicación / Fecha

---

3. Médico tradicional de la comunidad / Poblado Emberá Drúa en el río Chagres / 11 de septiembre de 2001.

7. La felicidad de un nieto / Preparación de alimentos en la estación de Batatilla del río Toabré / 1 de agosto de 2002.

11. Fin de la estación seca / Desembocadura del río Pequení en el lago Alhajuela / 25 de abril de 2007.

15. Toma de muestras / Río Boquerón en la estación de Peluca / 15 de mayo de 2003.

19. Hermandad / Poblado Emberá Drúa en el río Chagres / 18 de abril de 2001.

23. El rey y sus princesas / Estación de Vigía en la rivera del lago Alhajuela / 29 de enero de 2003.

27. El panameño / Reparación eléctrica en caserío aledaño al poblado de Boca de Río Indio / 15 de abril de 2003.

31. Piñata, pastillas y revolcón / Celebración de cumpleaños en el poblado Emberá Drúa / 11 de septiembre de 2001.

35. Logro comunitario / Suministro de agua potable a los lugareños del poblado de Batatilla / 15 de agosto de 2003.

39. Pesca artesanal de tilapias / Desembarcadero de Nuevo Vigía en el lago Alhajuela / 11 de enero de 2002.

43. El cumpleañero / Poblado Emberá Drúa en el río Chagres / 11 de septiembre de 2001.

47. Familia rural / Pobladores del área colindante al helipuerto de la estación de Batatilla / 13 de enero de 2000.

51. Hermanastros / Poblado de Filipinas aledaño a la cuenca del Canal / 24 de mayo de 2001.

55. Mirada sutil / Indígenas del poblado Emberá Drúa en su vestimenta tradicional / 15 de enero de 2001.

59. La hija de la maestra / Escuela pública del poblado de Arosemena contiguo al río Trinidad / 25 de julio de 2001.

Índice AMBIENTE

Número de página / Título de la fotografía / Ubicación / Fecha

---

4. Naturaleza en su máxima expresión / Parte alta de la cuenca del río Chagres / 15 de mayo de 2008.

8. Si las miradas mataran / Parque Municipal Summit (corregimiento de Ancón) / 13 de noviembre de 2003.

12. Clima tropical de montaña / Parte alta de la cuenca del río Indio en el área del Jordanal / 8 de marzo de 2001.

16. Una relación mutualista / Abeja en proceso de polinización en la isla de Barro Colorado / 4 de enero de 2007.

20. Los golpes que da la vida / Choque contra los vidrios reflectantes del edificio 105 en Pedro Miguel / 27 de marzo de 2007.

24. Conservación y desarrollo / Estación de El Silencio en la cuenca del río Indio (región occidental) / 19 de octubre de 2006.

28. Una acción irresponsable / Tala y quema en la antigua región occidental de la cuenca del Canal / 22 de abril de 2005.

32. Telaraña y víctimas / Estación de Agua Clara en la parte superior de la cuenca del río Gatún / 15 de mayo de 2008.

36. Influencia antropogénica / Vegetación acuática en la desembocadura del río Indio en el río Chagres / 13 de abril de 2004.

40. Gryllidae / Estación de Monte Lirio en la isla de Juan Gallego del lago Gatún / 4 de enero de 2007.

44. Selva virgen / Parte superior de la cuenca del lago Alhajuela en el Parque Nacional Chagres / 6 de julio de 2000.

48. Destrucción y muerte / Bosque cerca del poblado de Santo Domingo en la cuenca del río Gatún / 18 de marzo de 2008.

52. Piñales / Uso de los suelos en la provincia de Panamá Oeste / 31 de mayo de 2004.

56. El último adiós de un guayacán / Lado oeste del Canal al inicio de los trabajos de ampliación / 26 de febrero de 2008.

60. La fiesta inolvidable / Criadero de cocodrilos en el corregimiento de Chilibre / 23 de noviembre de 2003.

"Goofy"

Paso del buque de pasajeros "Disney Magic" por las esclusas de Pedro Miguel
16 de mayo de 2008

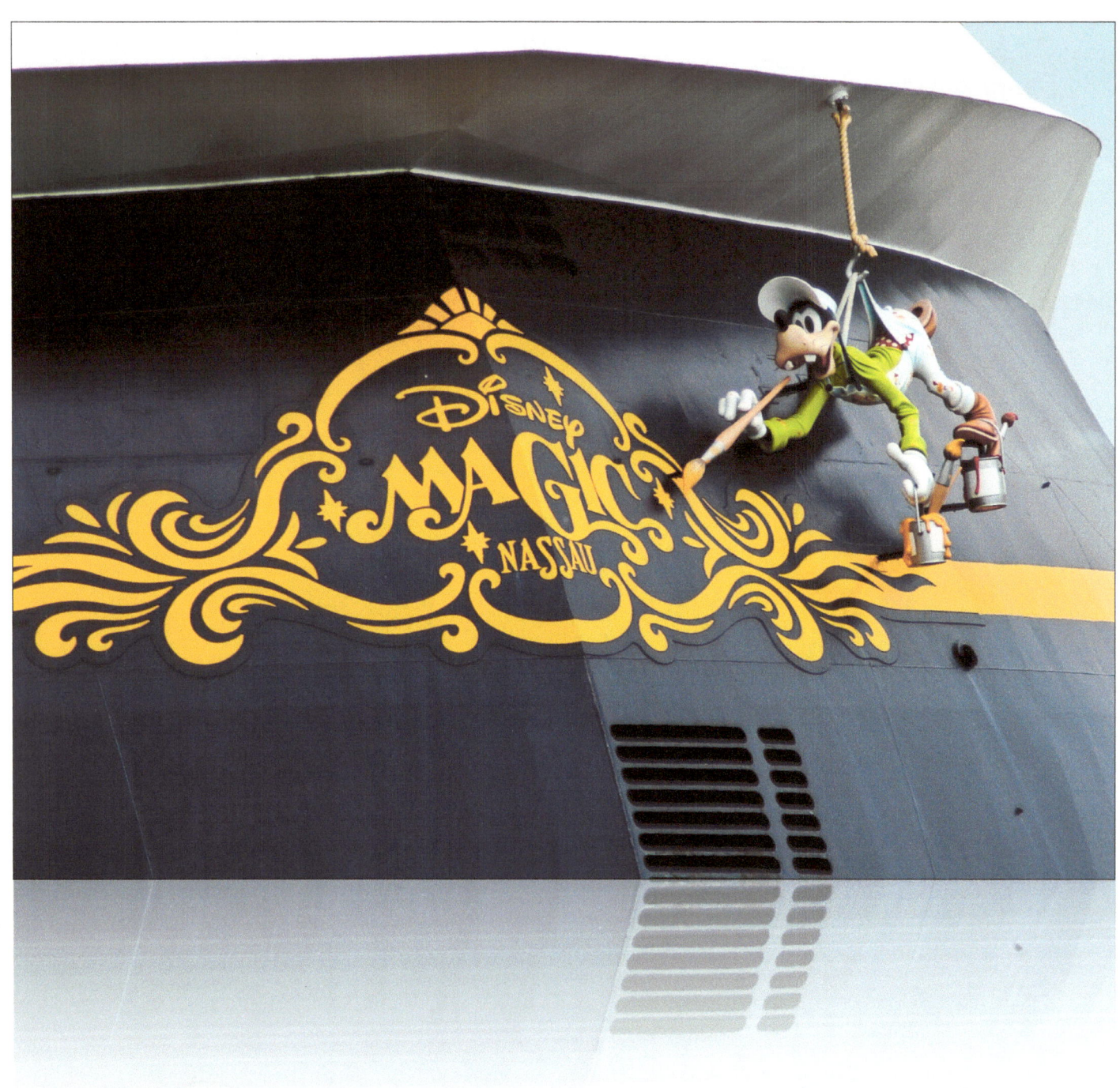

A barco nuevo, capitán viejo.

"Maravillosa serenidad"

Lago Gatún en las cercanías de la estación de Humedad
28 de agosto de 2008

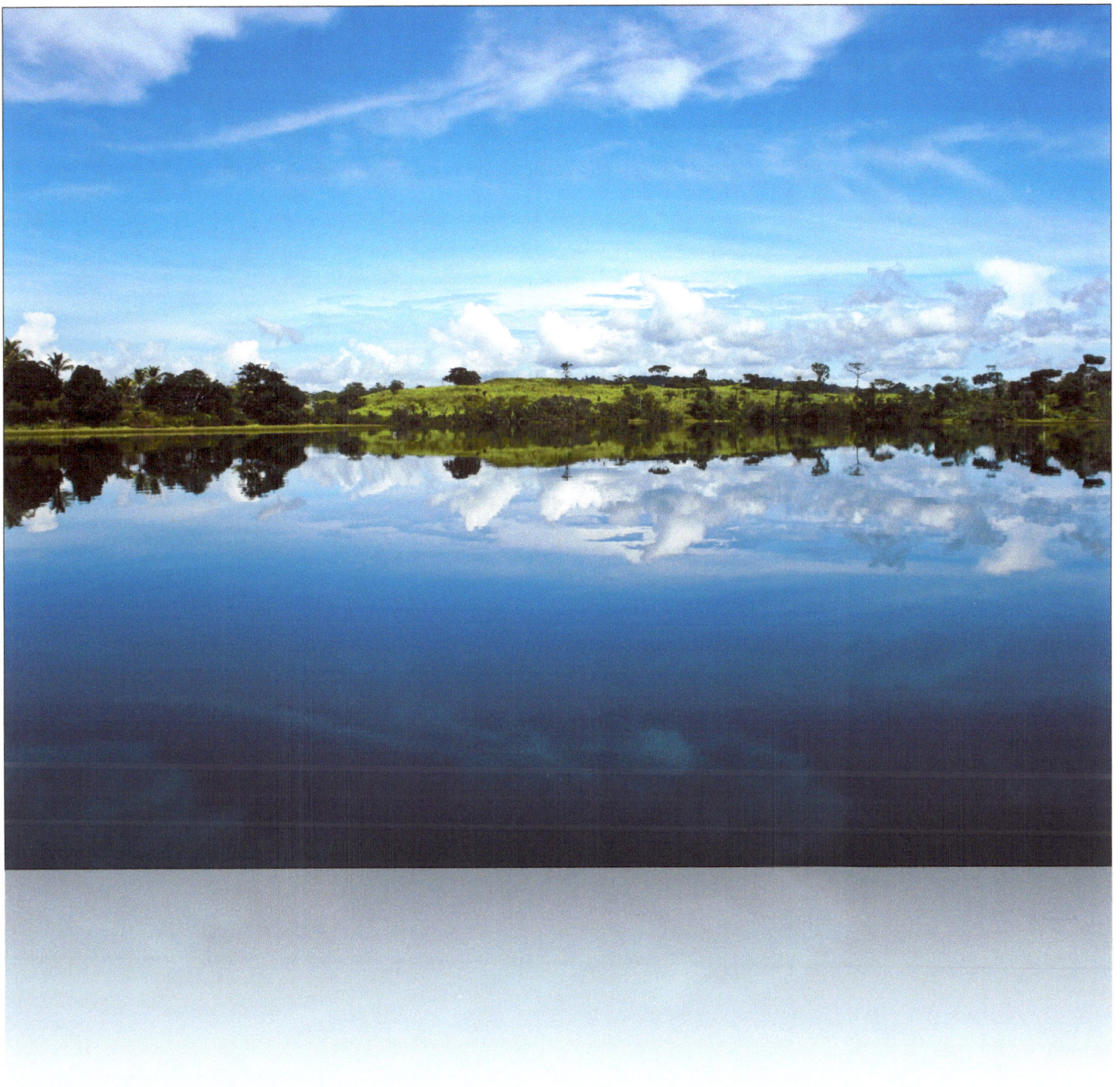

No salgas de puerto si las nubes no corren con el viento.

"Médico tradicional de la comunidad"

Poblado Emberá Drúa en el río Chagres
11 de septiembre de 2001

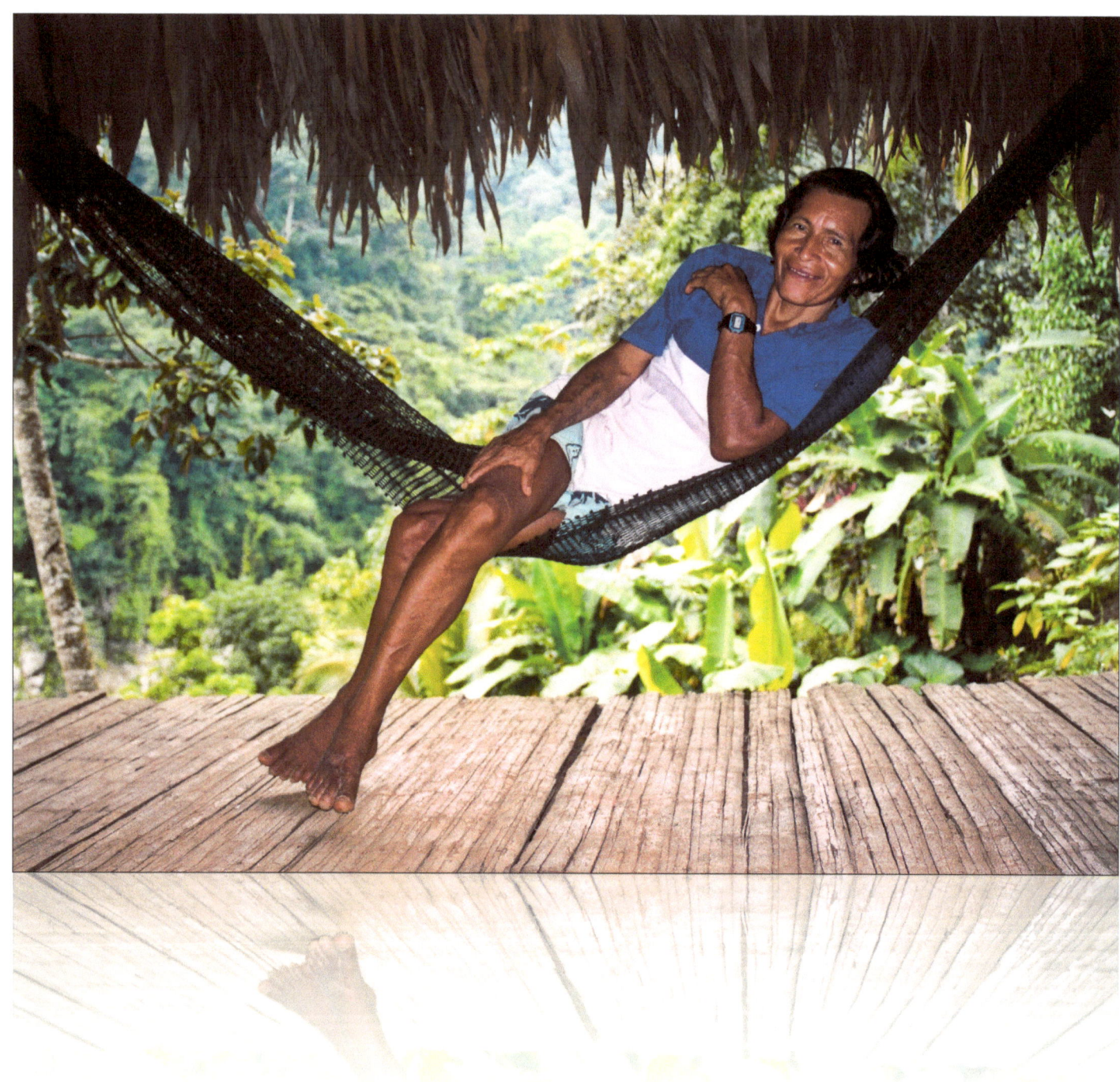

De médico poeta y loco, todos tenemos un poco.

"Naturaleza en su máxima expresión"

Parte alta de la cuenca del río Chagres
15 de mayo de 2008

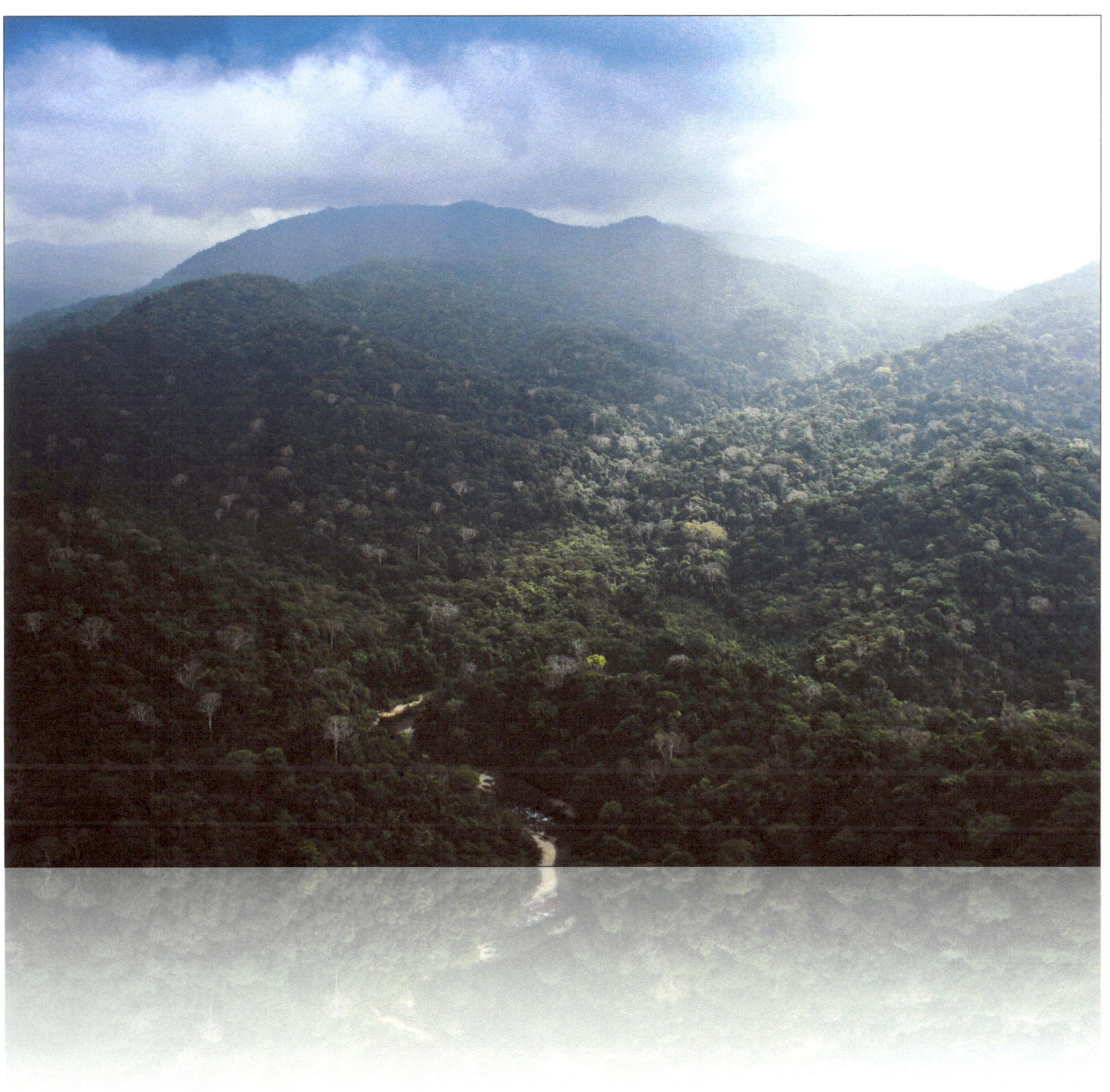

Hay quien ve los árboles pero no el bosque.

"Rojo, azul y blanco"

Bandera panameña y buque BRO ARTHUR en el lago Gatún
13 de mayo de 2008

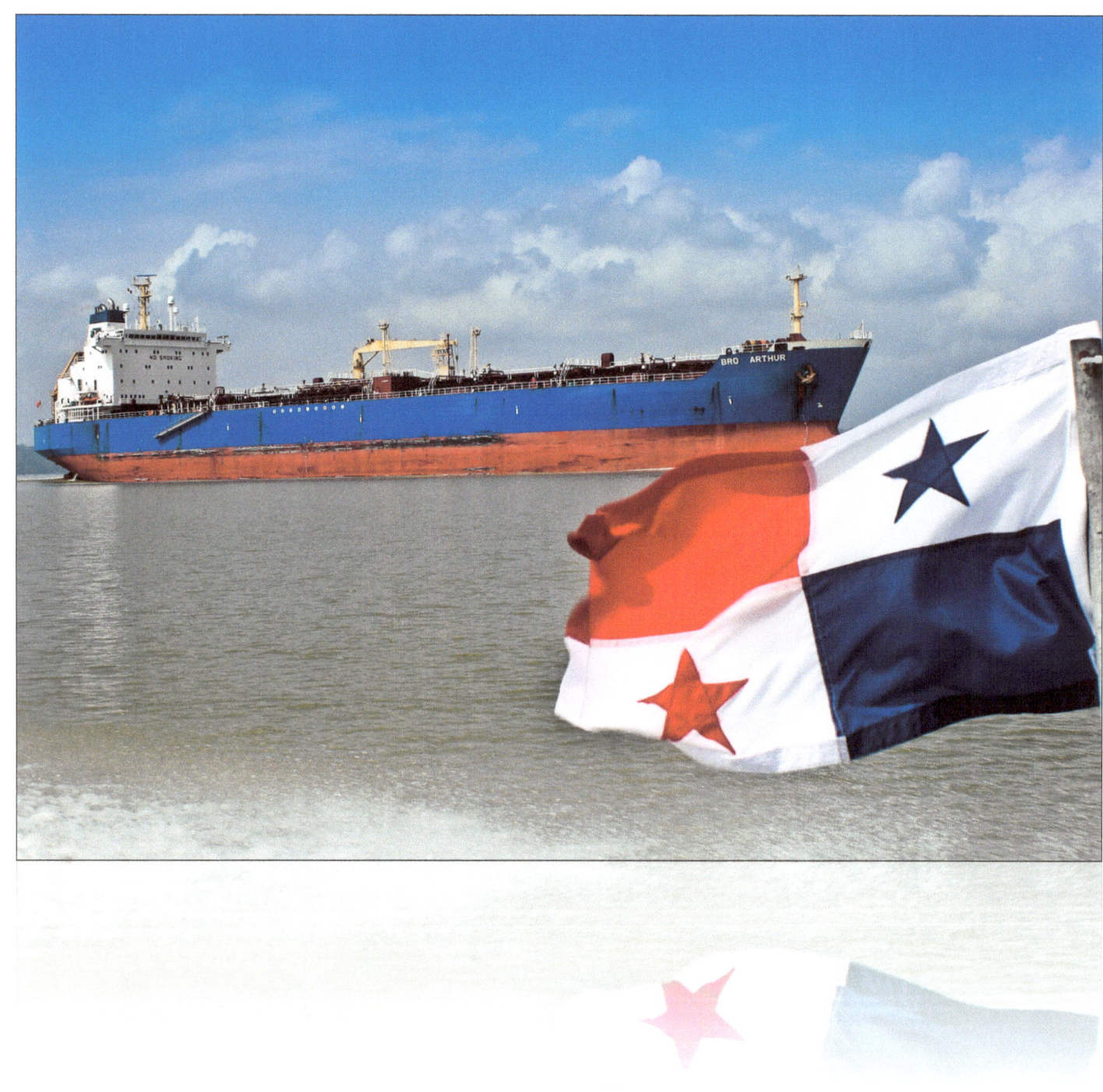

Que dulce es el amor de la patria.

"25 píes debajo del nivel máximo operativo"

Lago Alhajuela por el sector de Nuevo Caimitillo
6 de abril de 2004

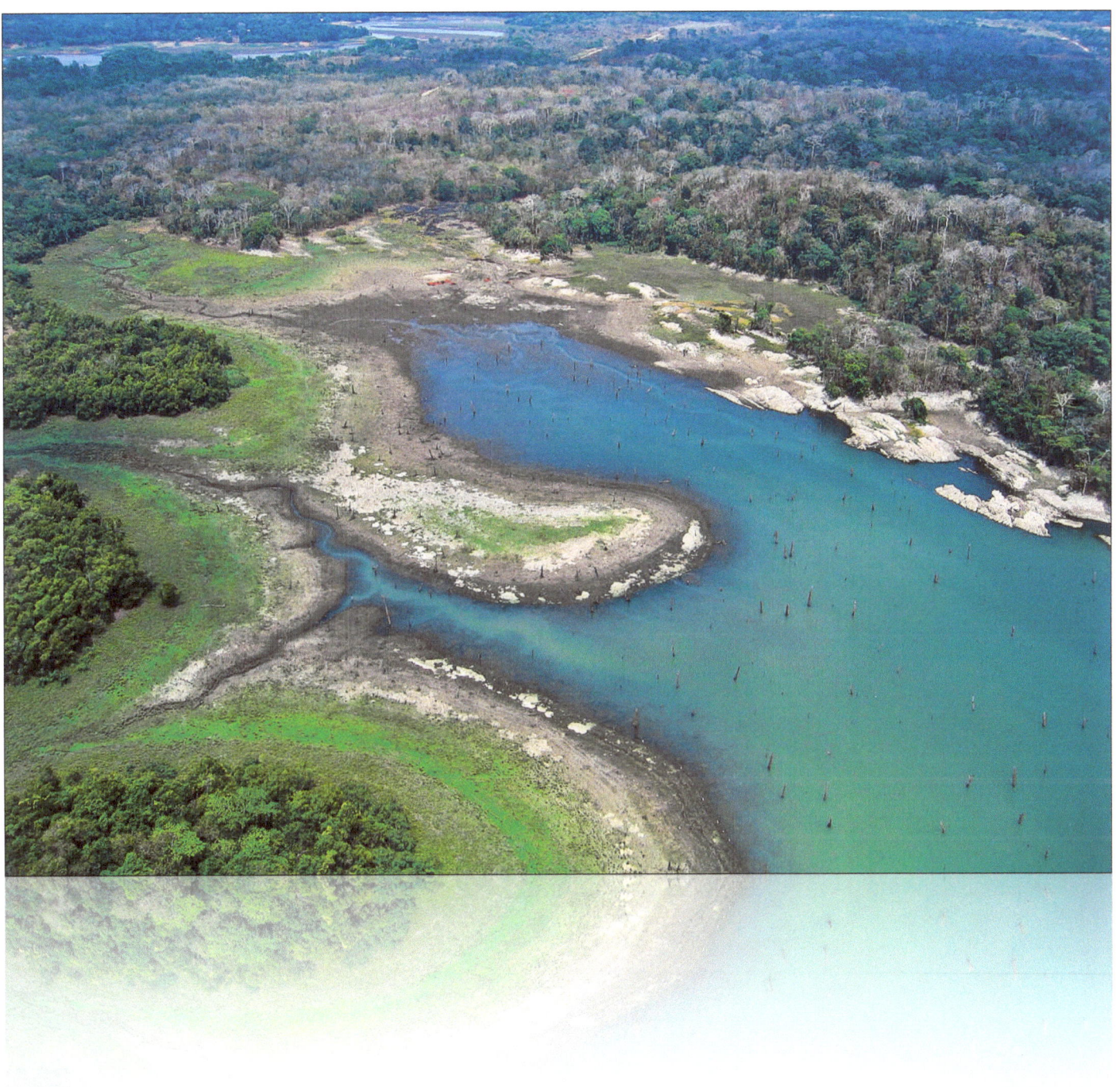

No digas; de esta agua no beberé.

"La felicidad de un nieto"

Preparación de alimentos en la estación de Batatilla del río Toabré
1 de agosto de 2002

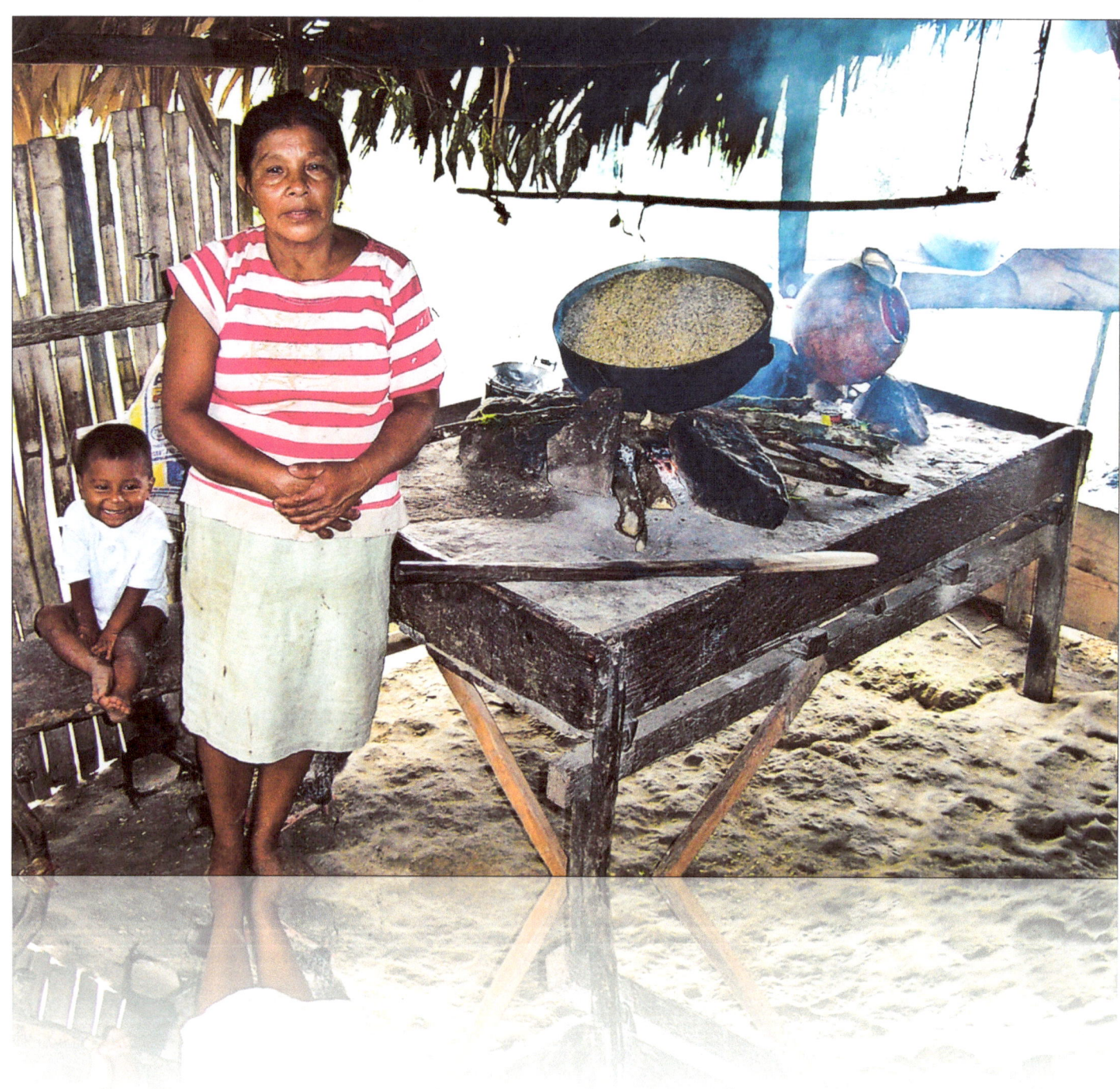

Lo que se gana duramente, se come con satisfacción.

"Si las miradas mataran"

Parque Municipal Summit (corregimiento de Ancón)
13 de noviembre de 2003

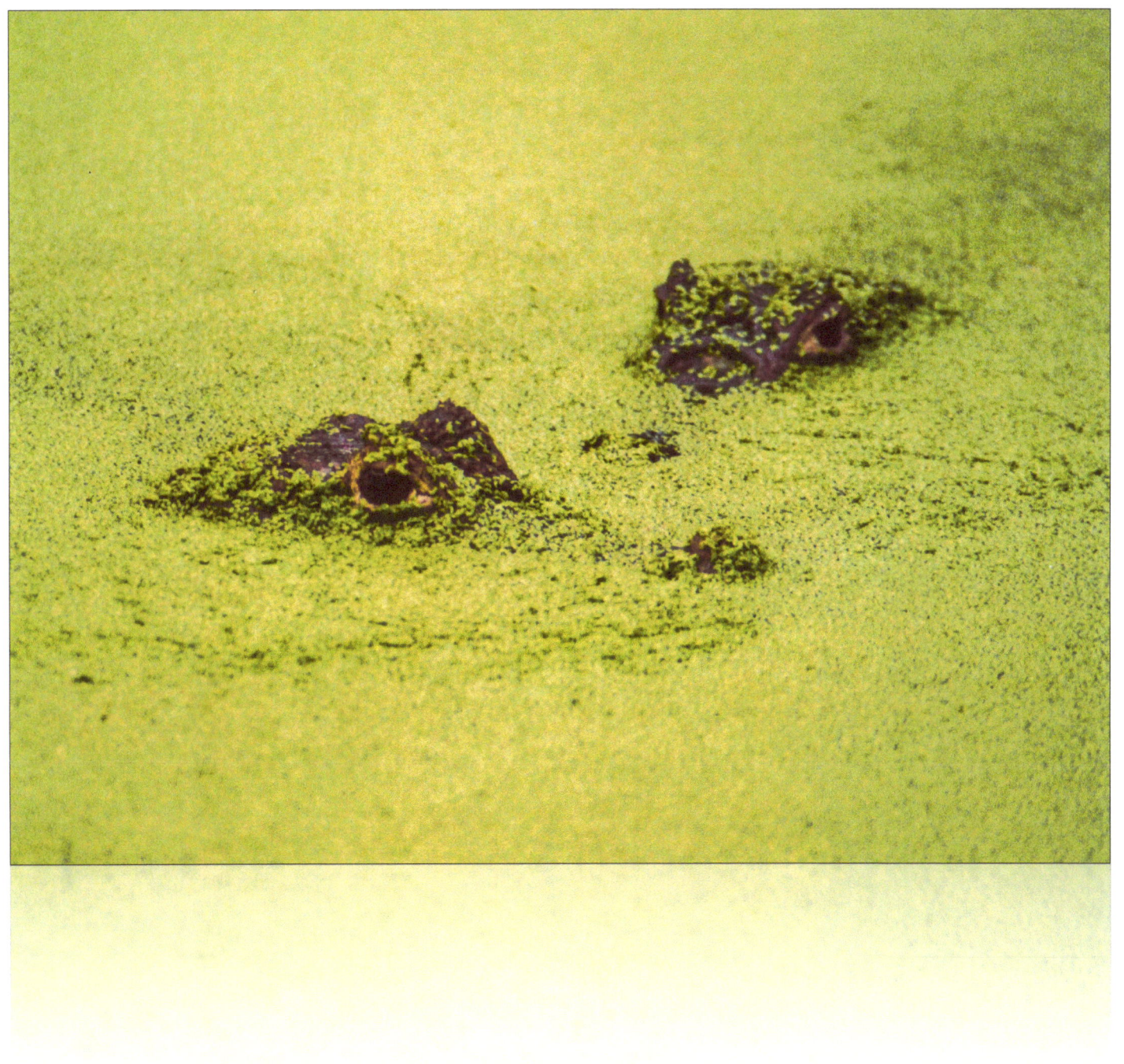

Bien sabe el diablo a quien se le aparece.

"Construcción en las nubes"

Estación de comunicaciones de Peñas Blancas en cerro Negro
3 de junio de 2002

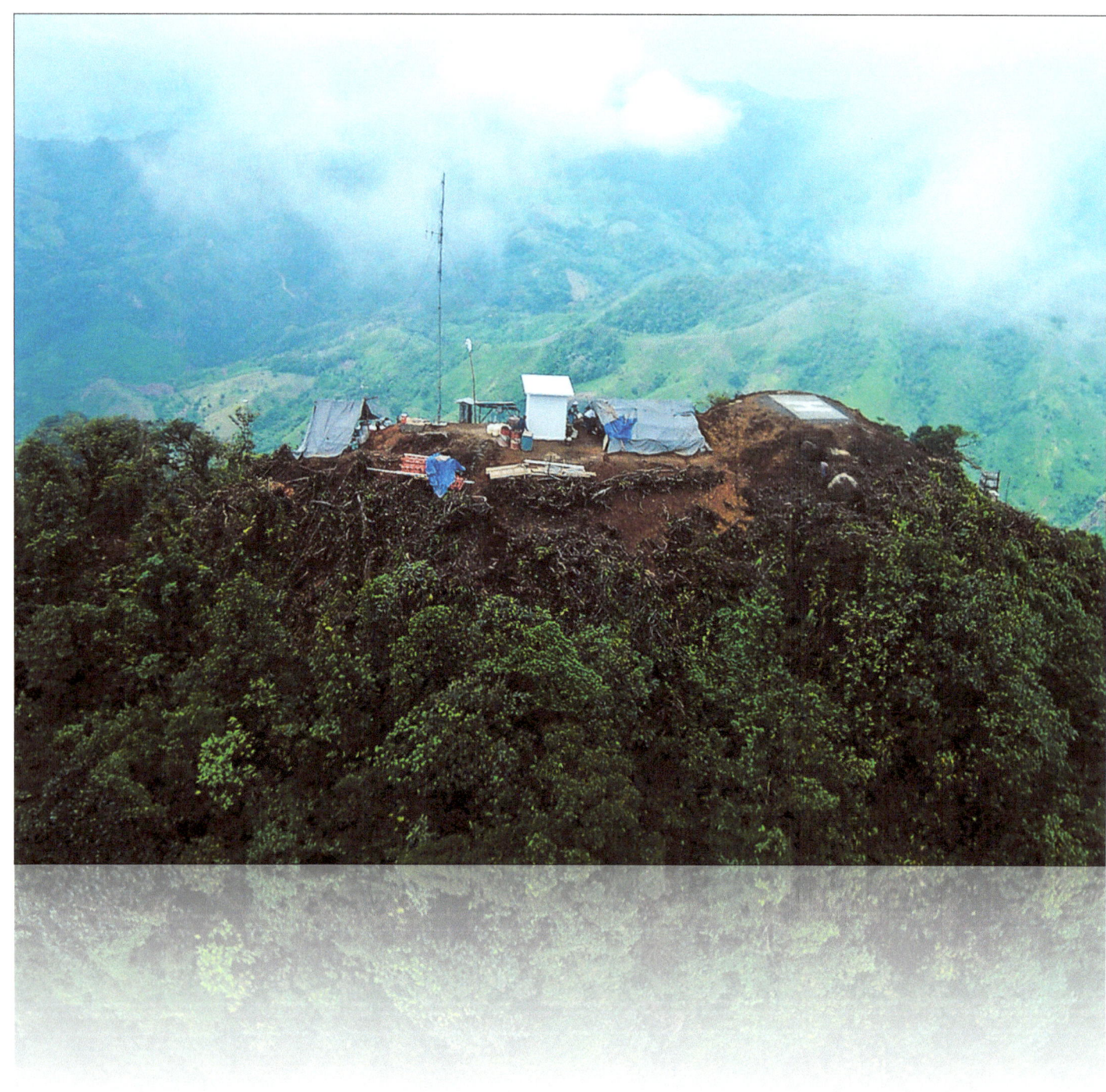

Si la montaña no viene a ti, tú ve a la montaña.

"Reflejo espectacular"

Lago Gatún cerca del poblado de Cuipo
28 de agosto de 2008

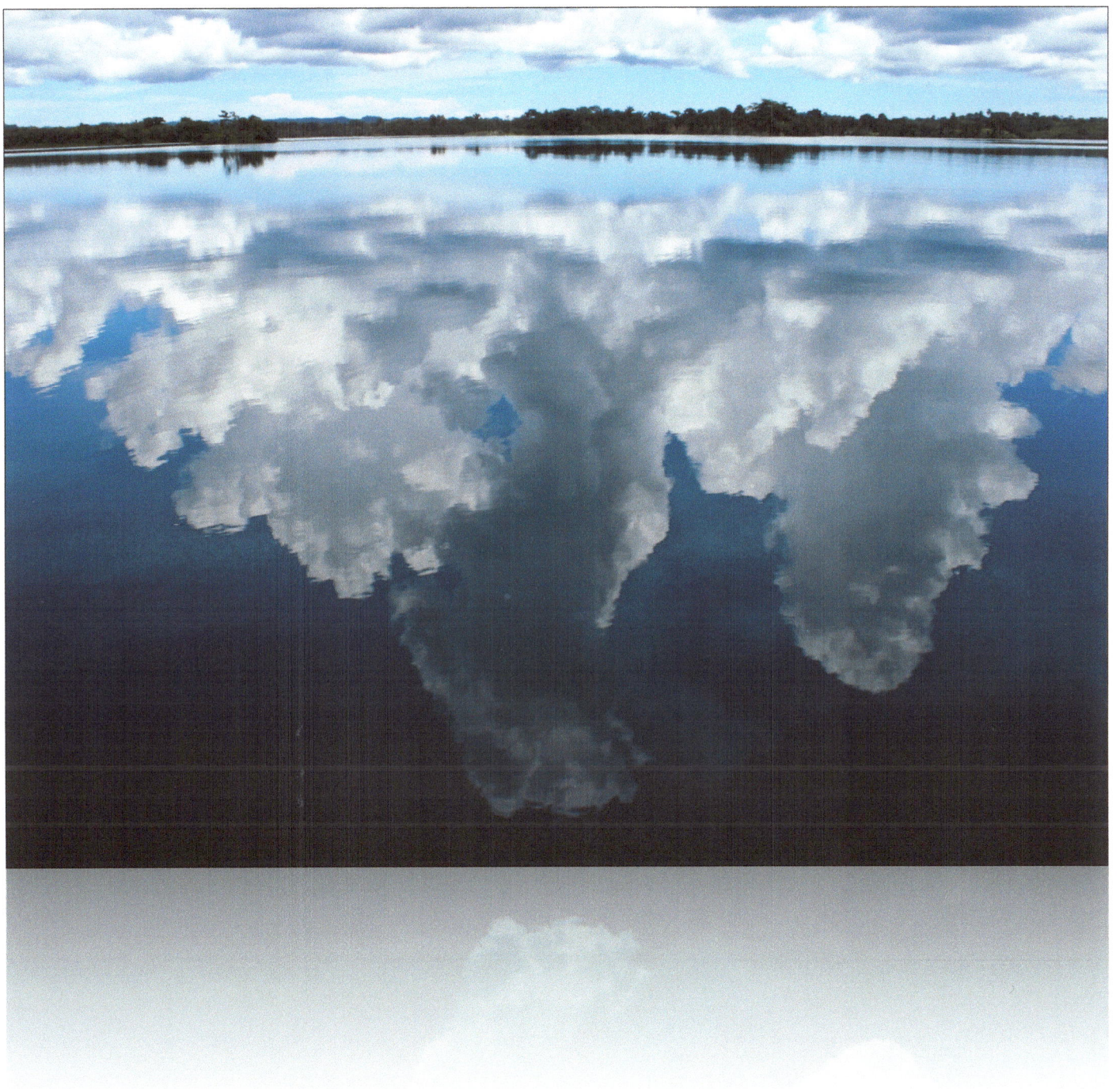

La belleza y la verdad, dos caras de la realidad.

"Fin de la estación seca"
Desembocadura del río Pequení en el lago Alhajuela
25 de abril de 2007

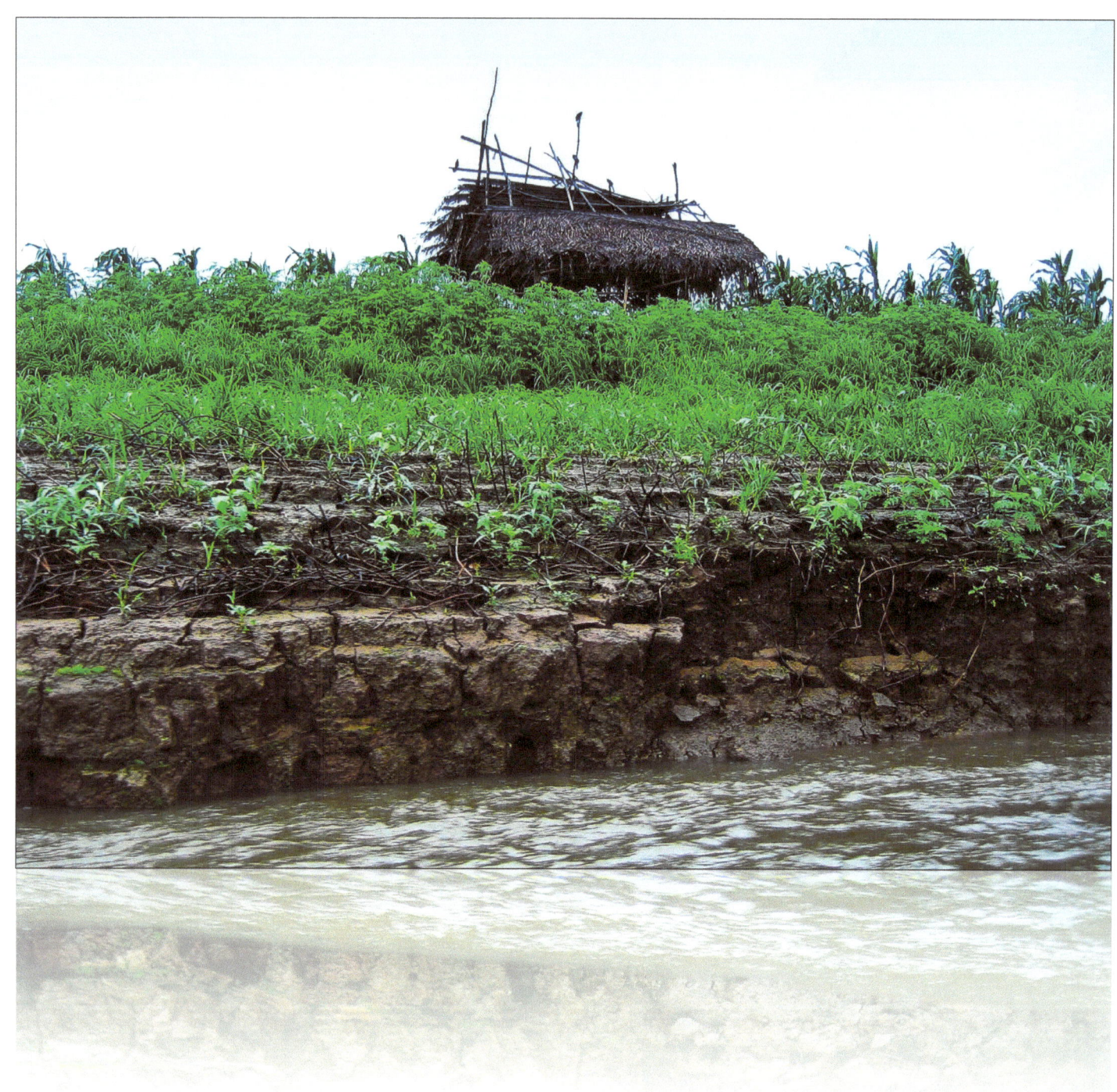

**Cuando puedas trabajar no lo dejes,
aunque no te den lo que mereces.**

"Clima tropical de montaña"

Parte alta de la cuenca del río Indio en el área del Jordanal
8 de marzo de 2001

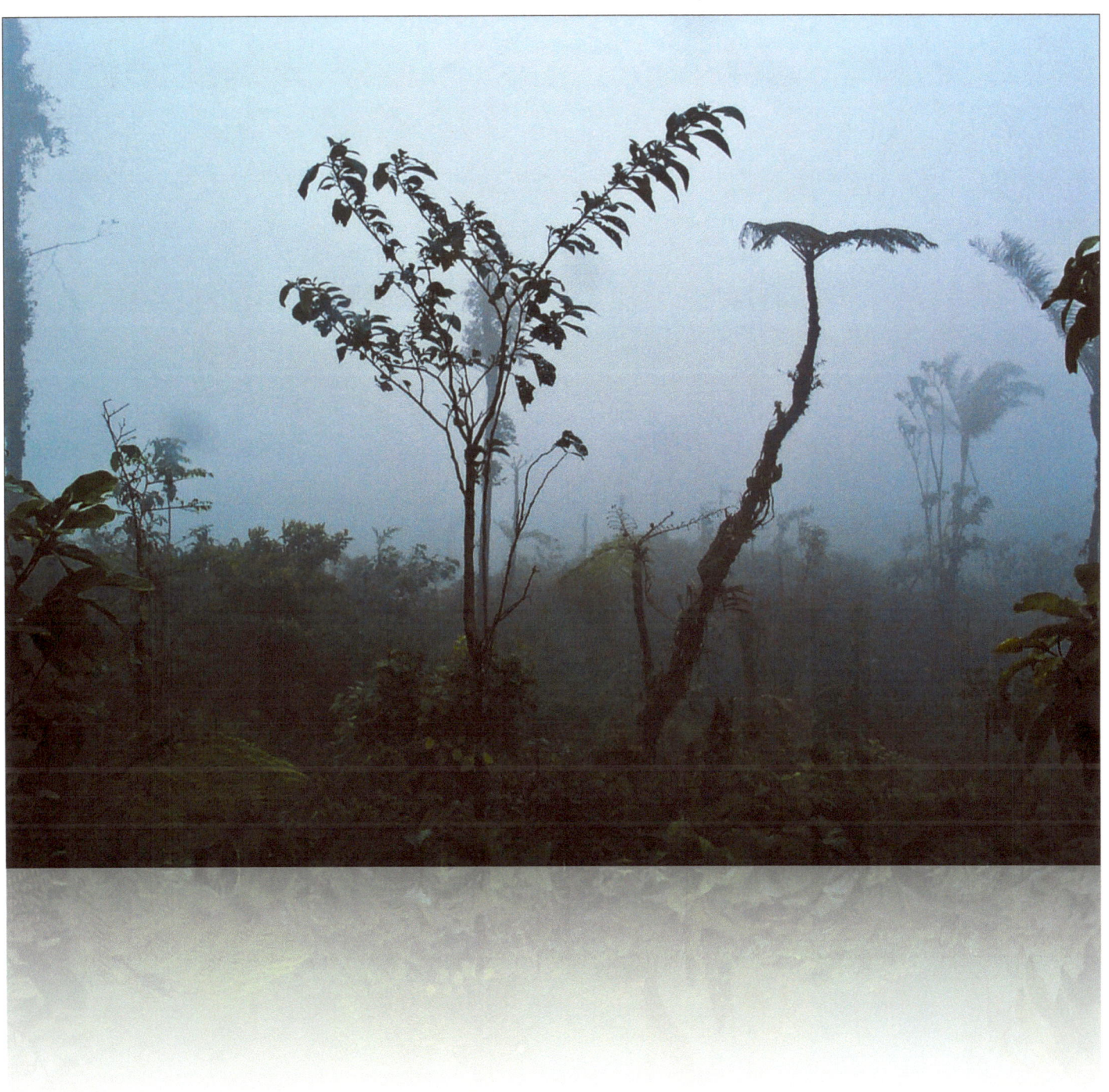

**Neblina en el cerro, seguro aguacero;
neblina en el llano, seguro verano.**

"Arcoíris"
Cerro Paraíso a la izquierda y el puente Centenario al fondo
20 de enero de 2005

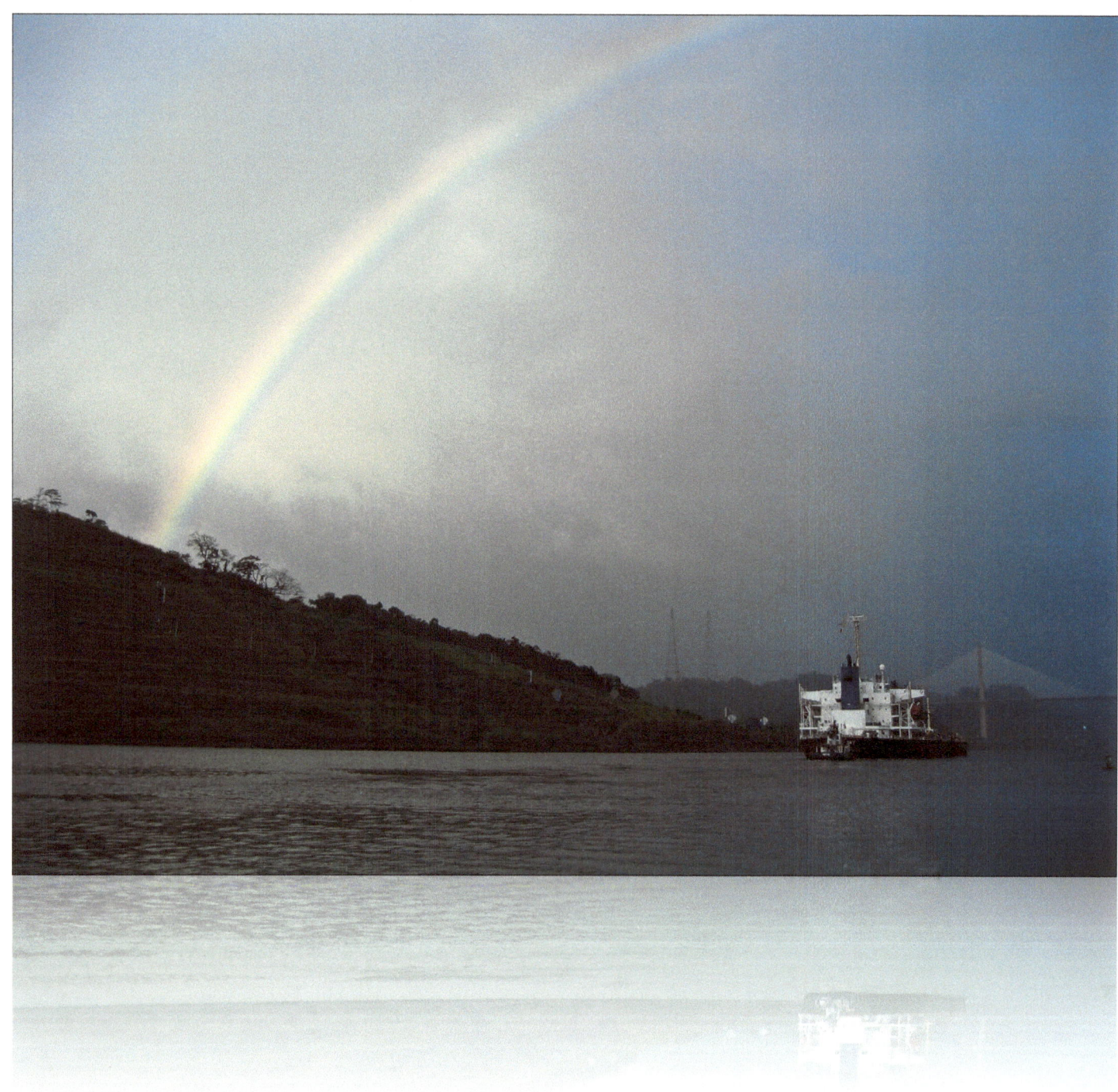

Arco iris al amanecer, agua antes del anochecer.

"Todo fluye"

Cascada del río Caño Quebrado al noroeste del distrito de La Chorrera
12 de junio de 2002

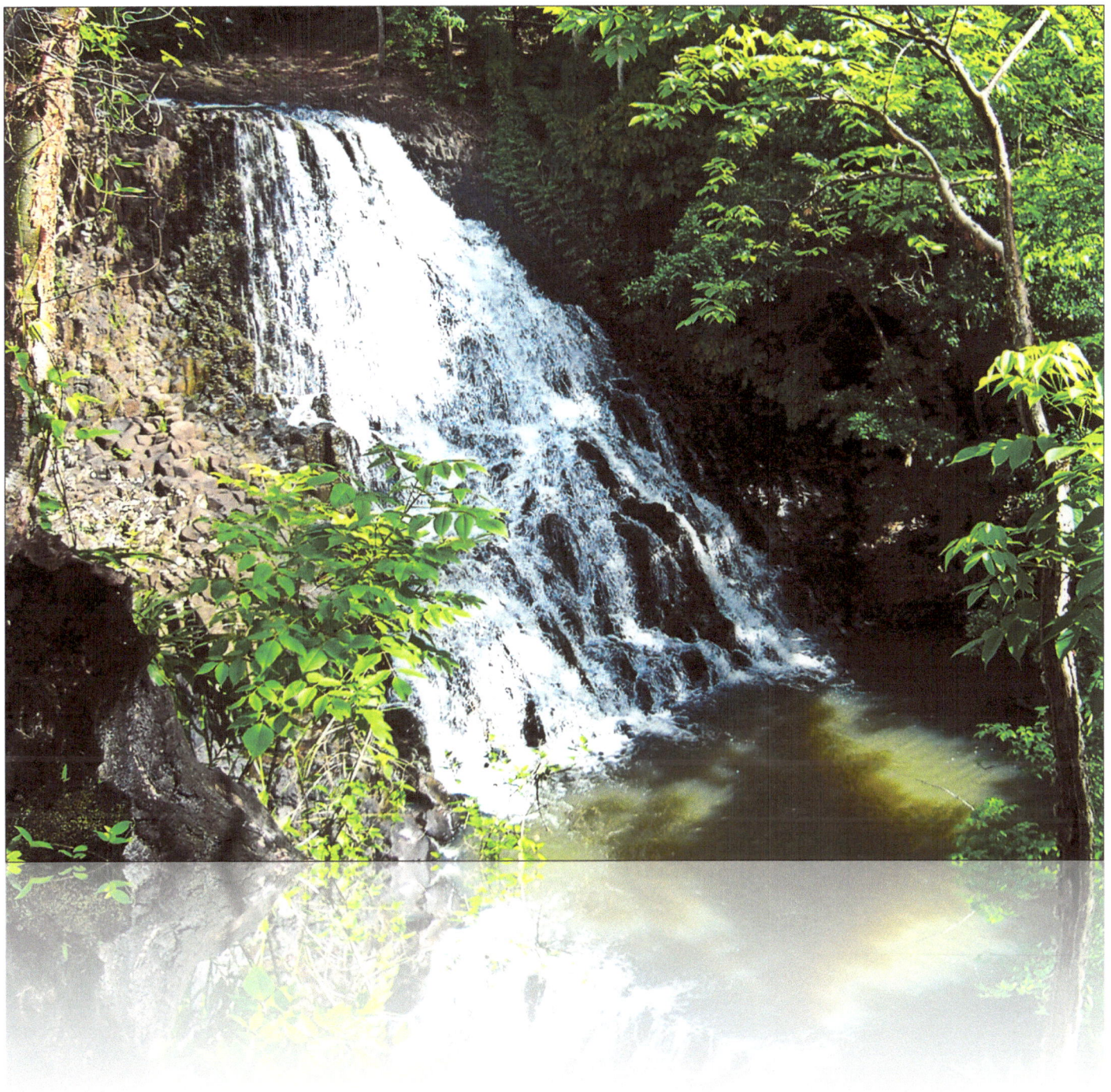

Agua que no has de beber, déjala correr.

"Toma de muestras"
Río Boquerón en la estación de Peluca
15 de mayo de 2003

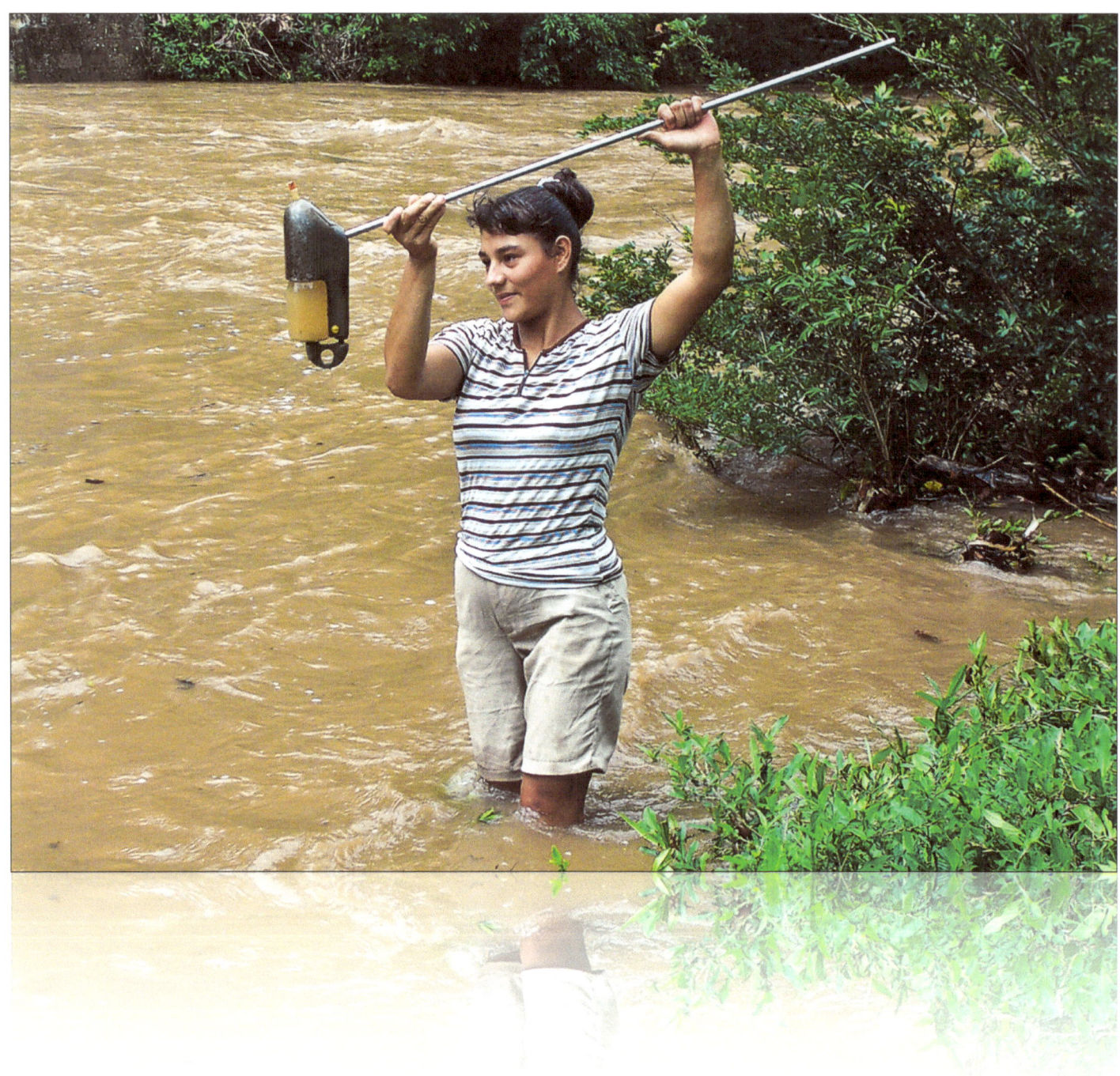

Manos que trabajan, no son manos, sino alhajas.

"Una relación mutualista"

Abeja en proceso de polinización en la isla de Barro Colorado
4 de enero de 2007

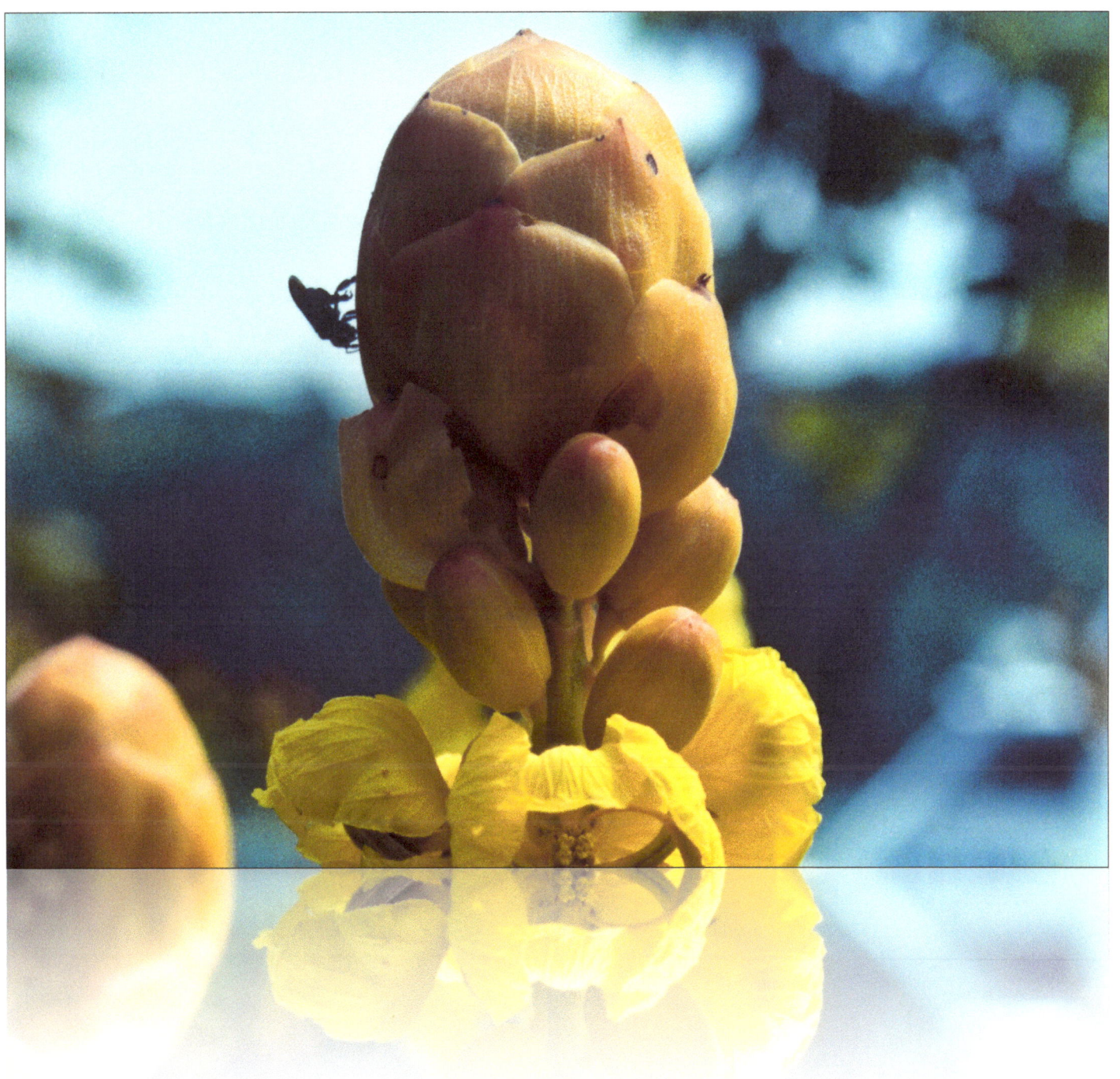

La abeja, de todas las flores se aprovecha.

"Labores en medio de la tormenta"

Helipuerto de Batatilla en la antigua región occidental de la cuenca
6 de octubre de 2004

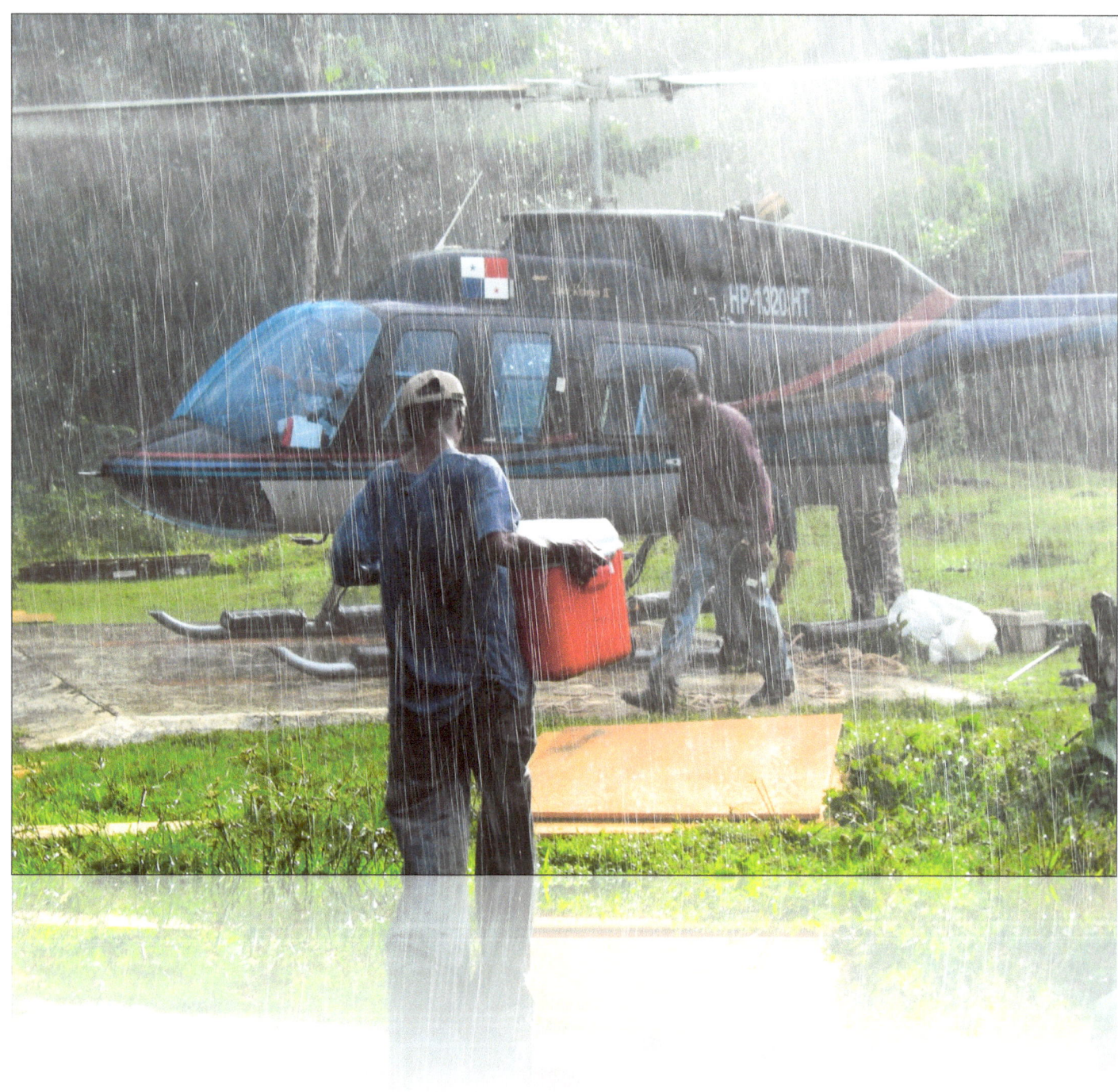

Gran tormenta mucho espanta, pero pronto escampa.

"Corriente natural que fluye con continuidad"

Río Ciri Grande en la estación de Cañones
29 de marzo de 2006

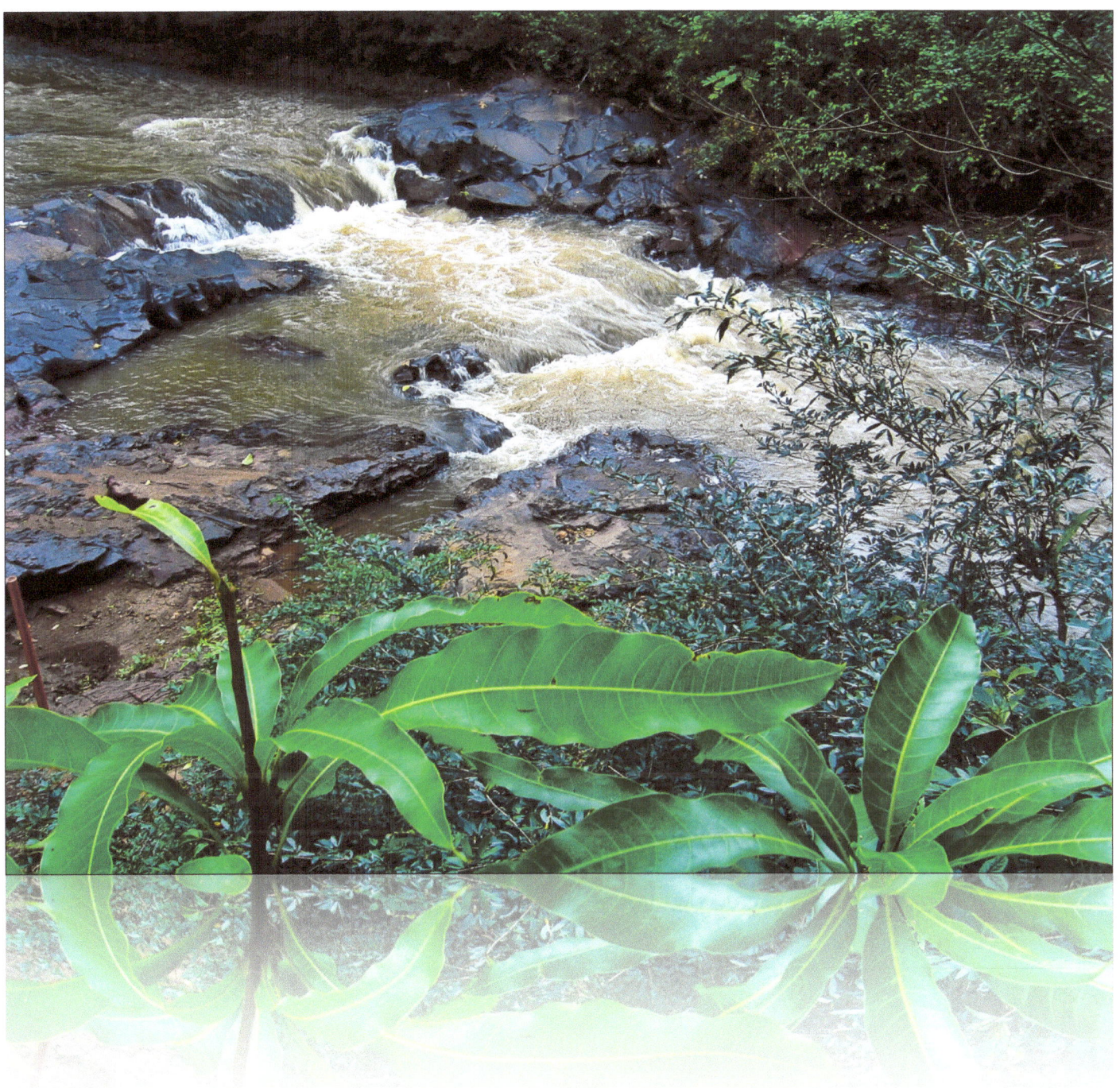

Cuando el río suena, agua lleva.

"Hermandad"

Poblado Emberá Drúa en el río Chagres
18 de abril de 2001

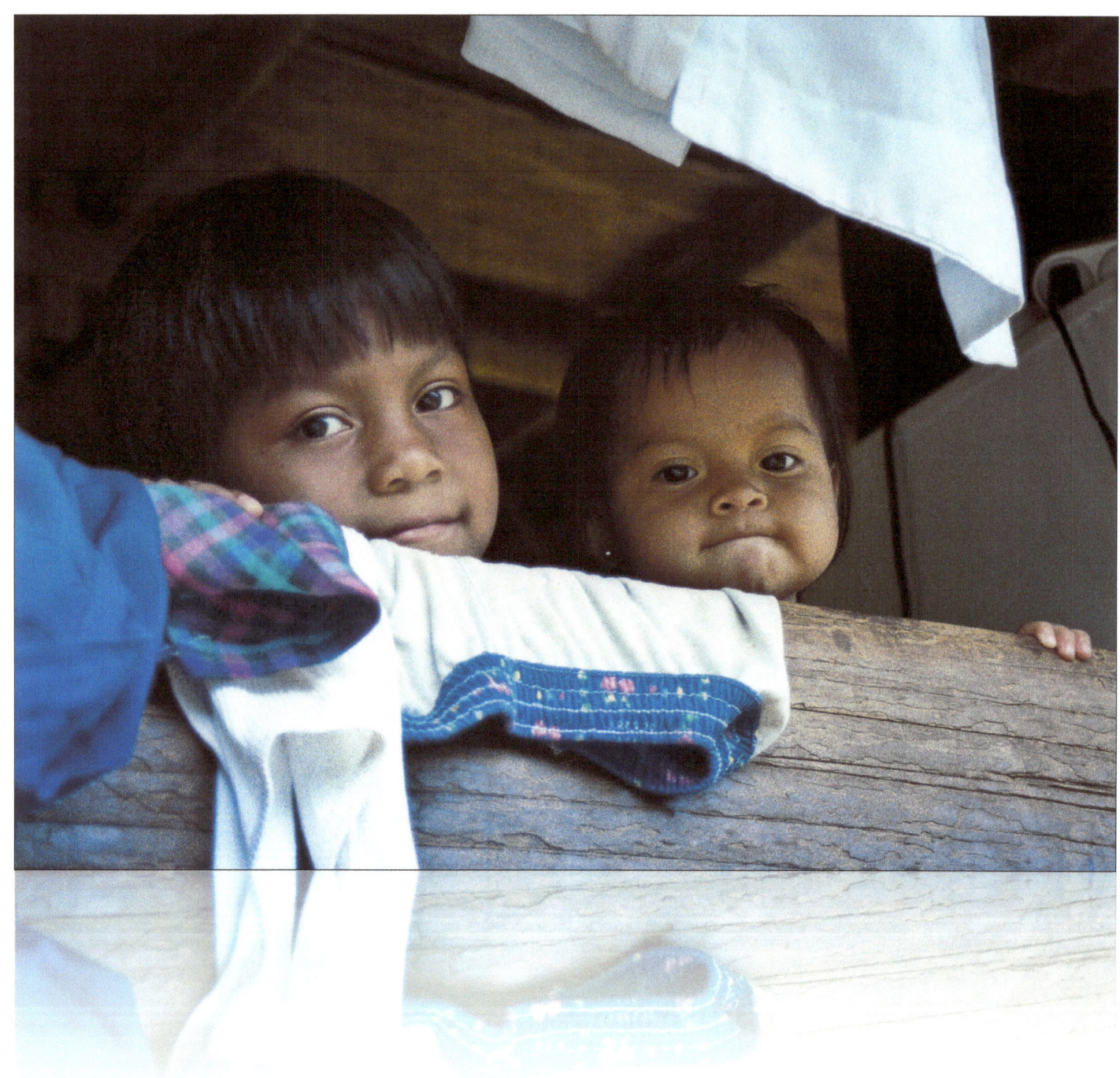

Los hijos son el reflejo de los padres.

"Los golpes que da la vida"

Choque contra los vidrios reflectantes del edificio 105 en Pedro Miguel
27 de marzo de 2007

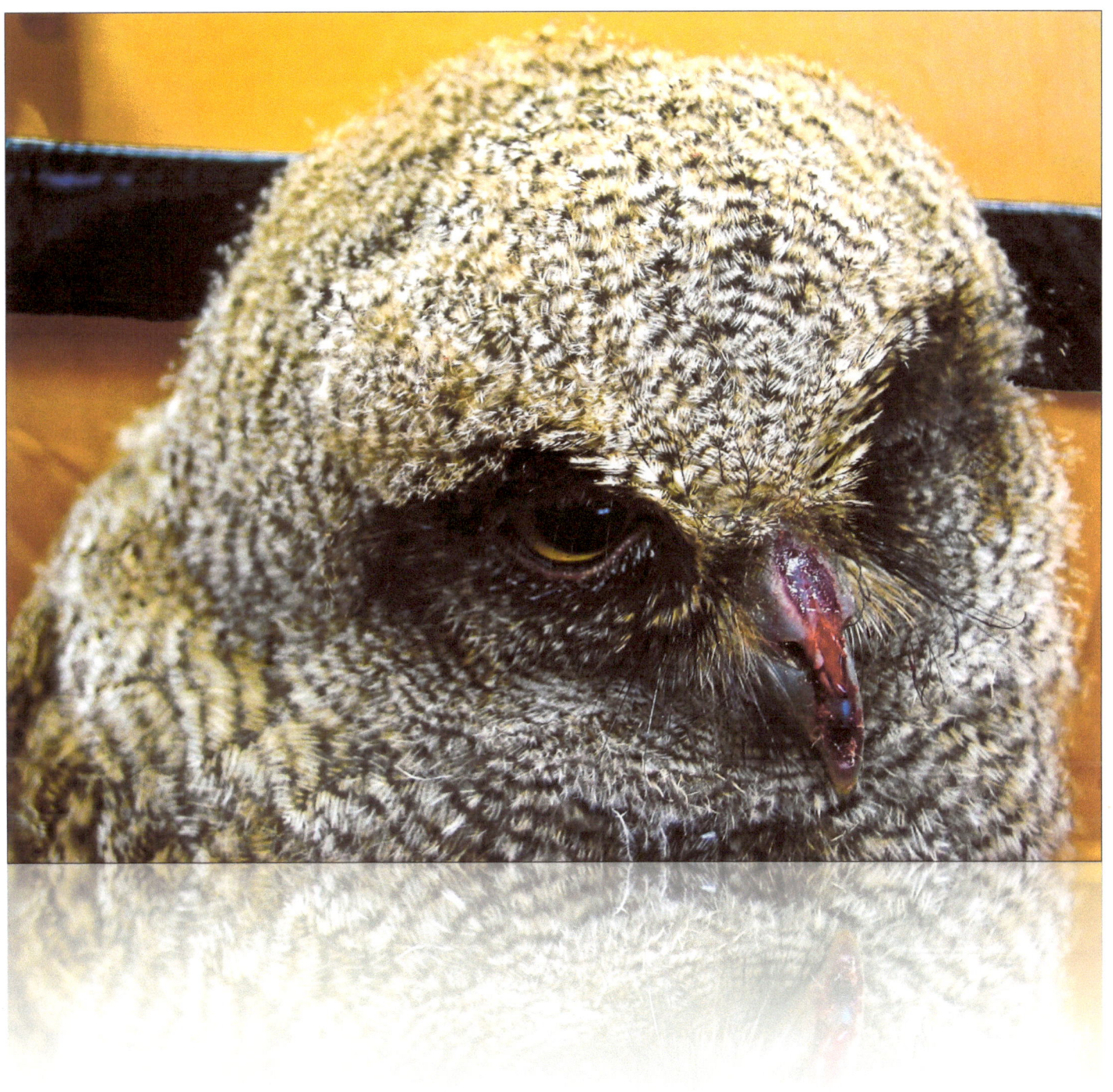

Golpe dado ni Dios lo quita.

"Engaño visual"
Buque luego de colisión en el Canal a su paso por las esclusas de Pedro Miguel
15 de marzo de 2002

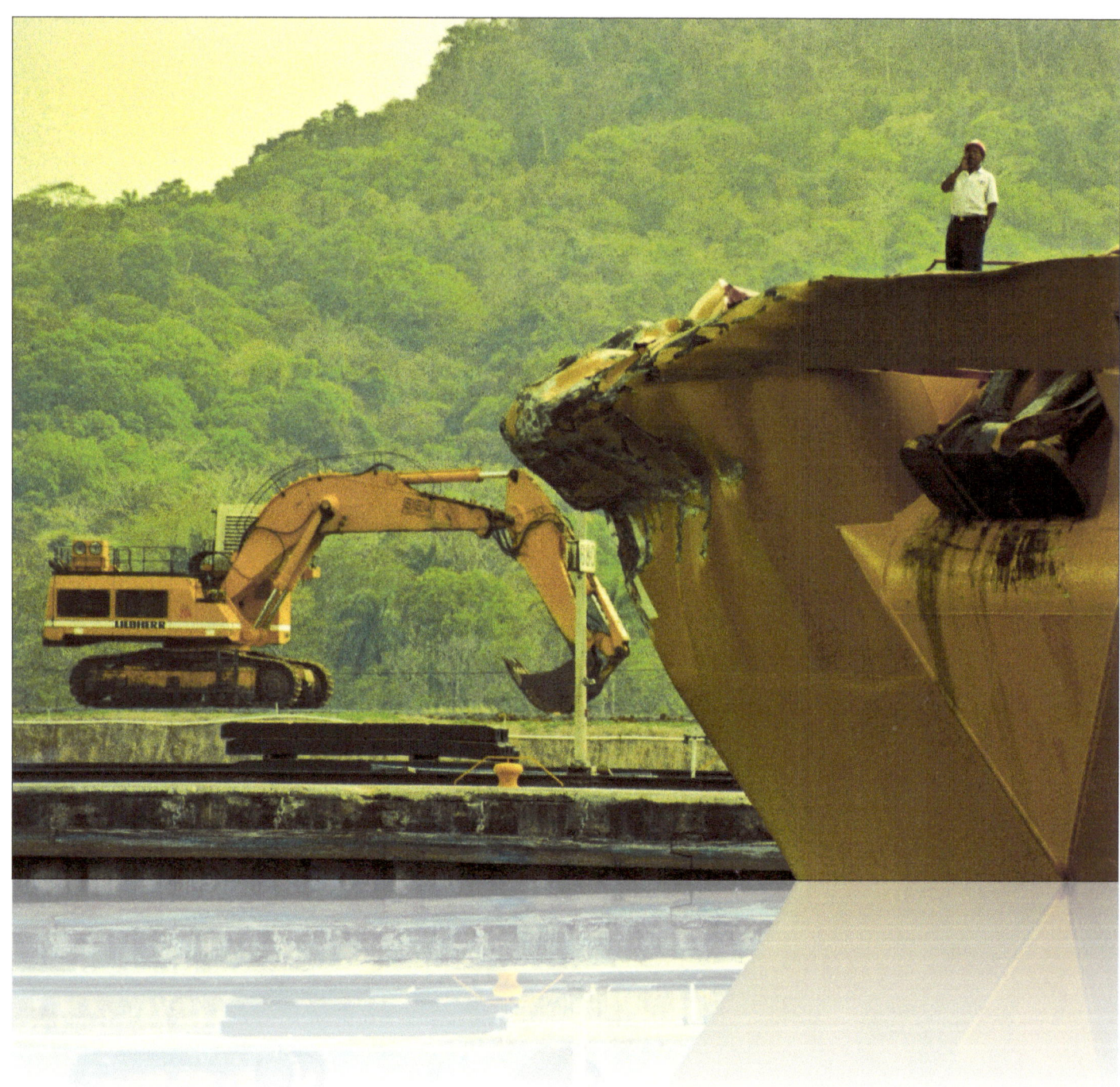

Un solo golpe no derriba al roble.

"Testigos del llenado del embalse en 1934"

Lago Alhajuela a un nivel de agua de 214 pies
9 de mayo de 2007

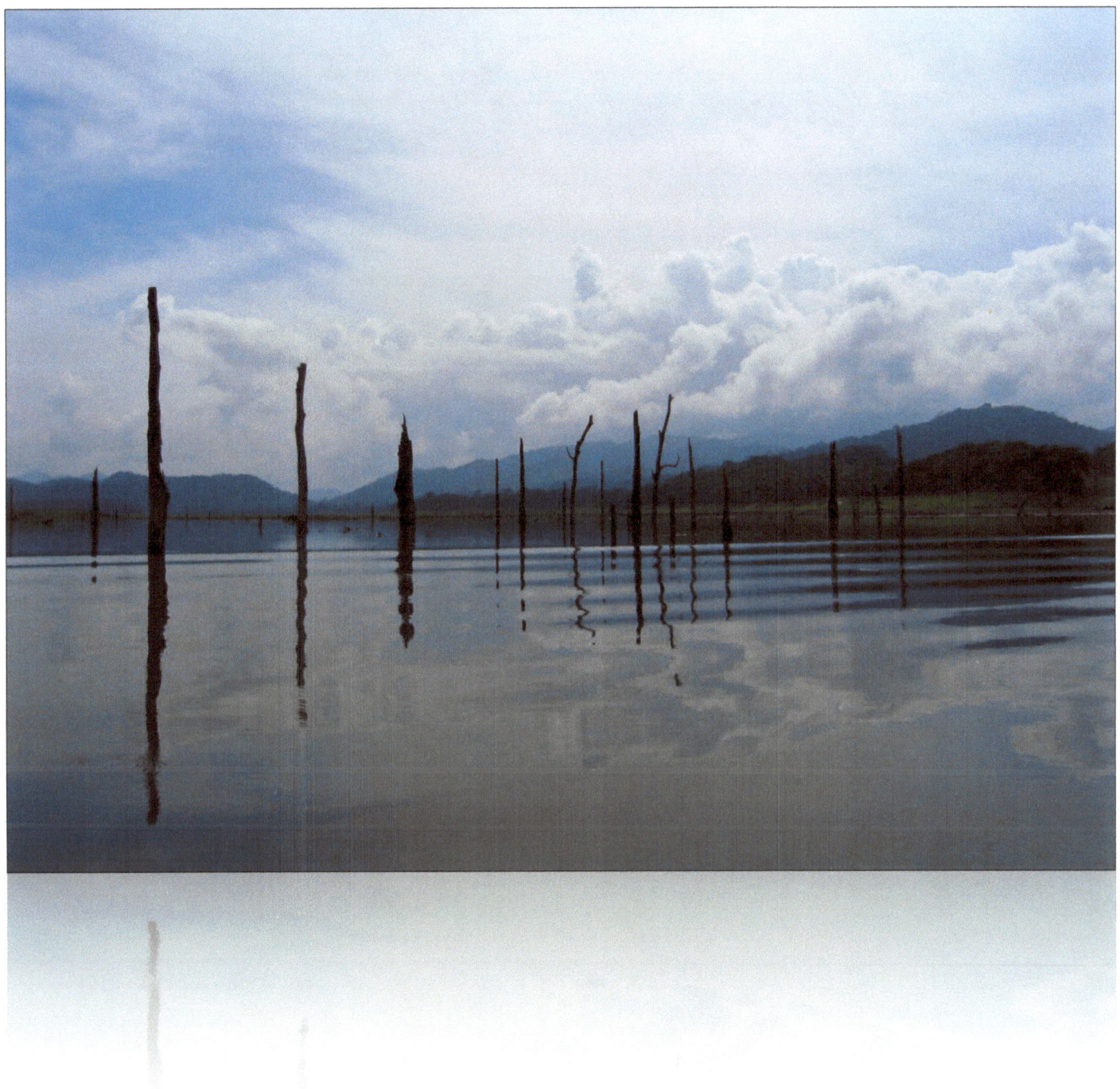

La muerte es fuente de vida, unos mueren para que otros vivan.

"El rey y sus princesas"

Estación de Vigía en la rivera del lago Alhajuela
29 de enero de 2003

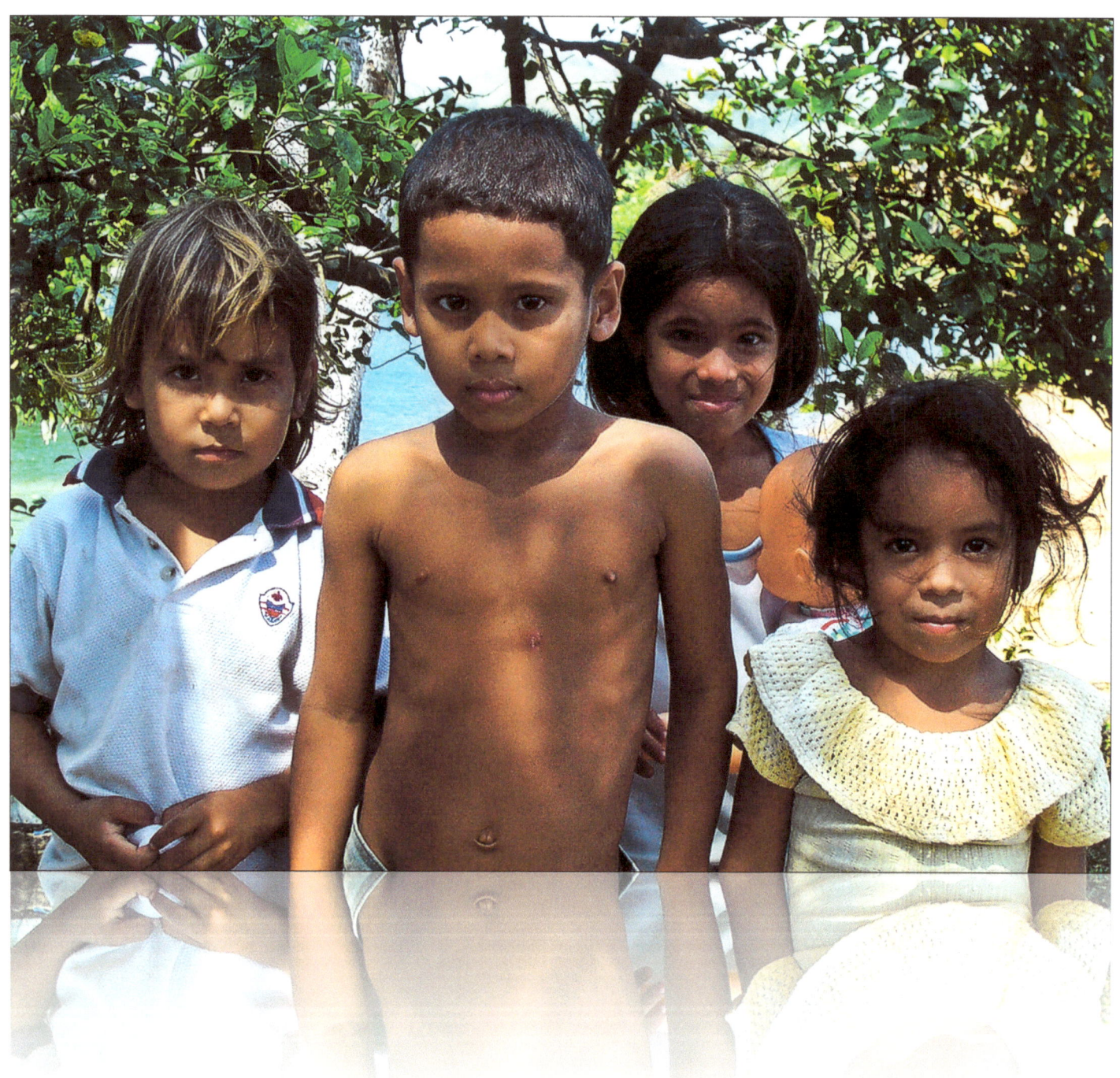

Cada uno es arquitecto de su propio destino.

"Conservación y desarrollo"

Estación de El Silencio en la cuenca del río Indio (región occidental)
19 de octubre de 2006

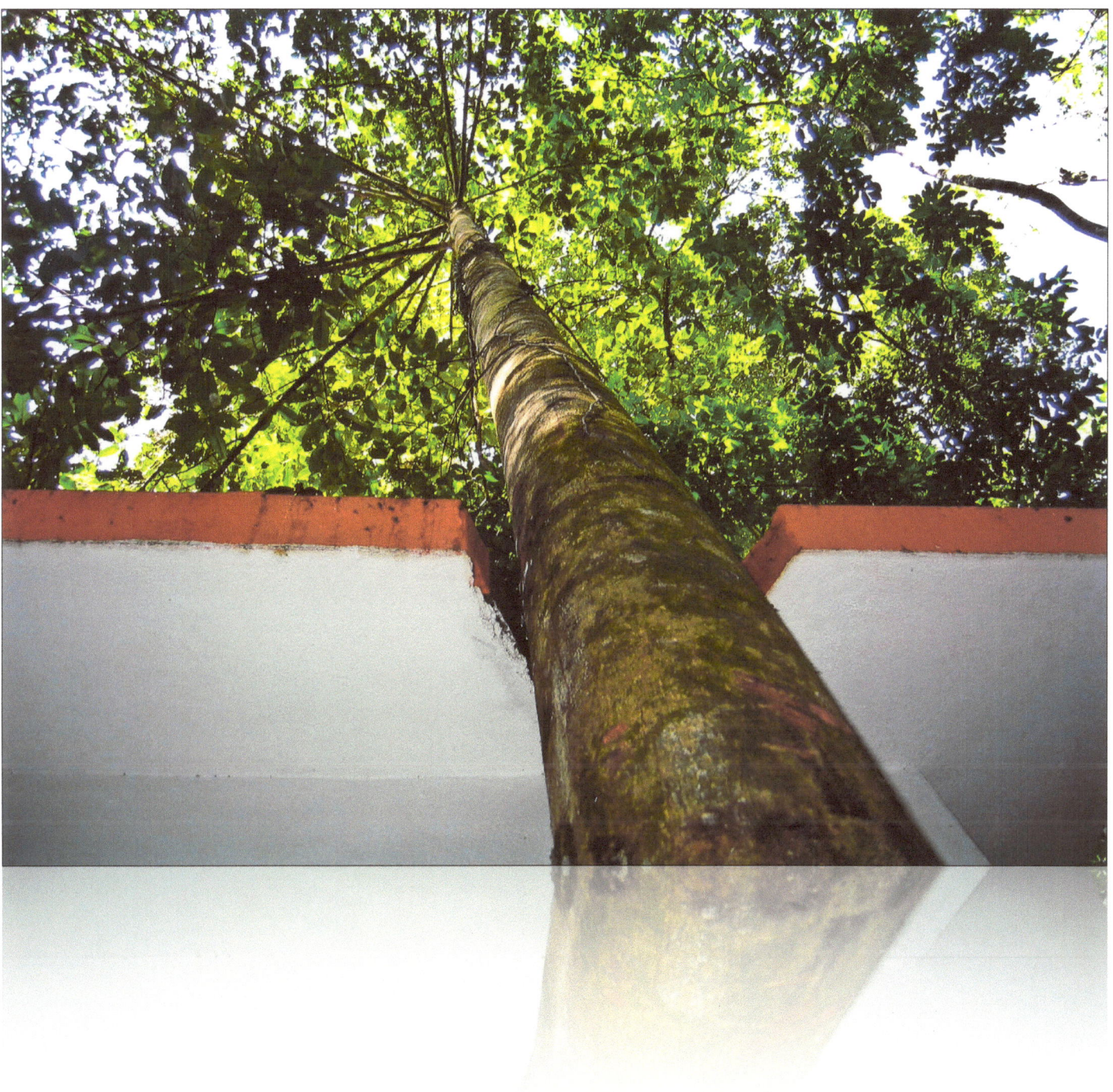

Quien a buen árbol se arrima buena sombra le cobija.

"Hito histórico"

Explosión inaugural de la ampliación del Canal frente al cerro Paraíso
3 de septiembre de 2007

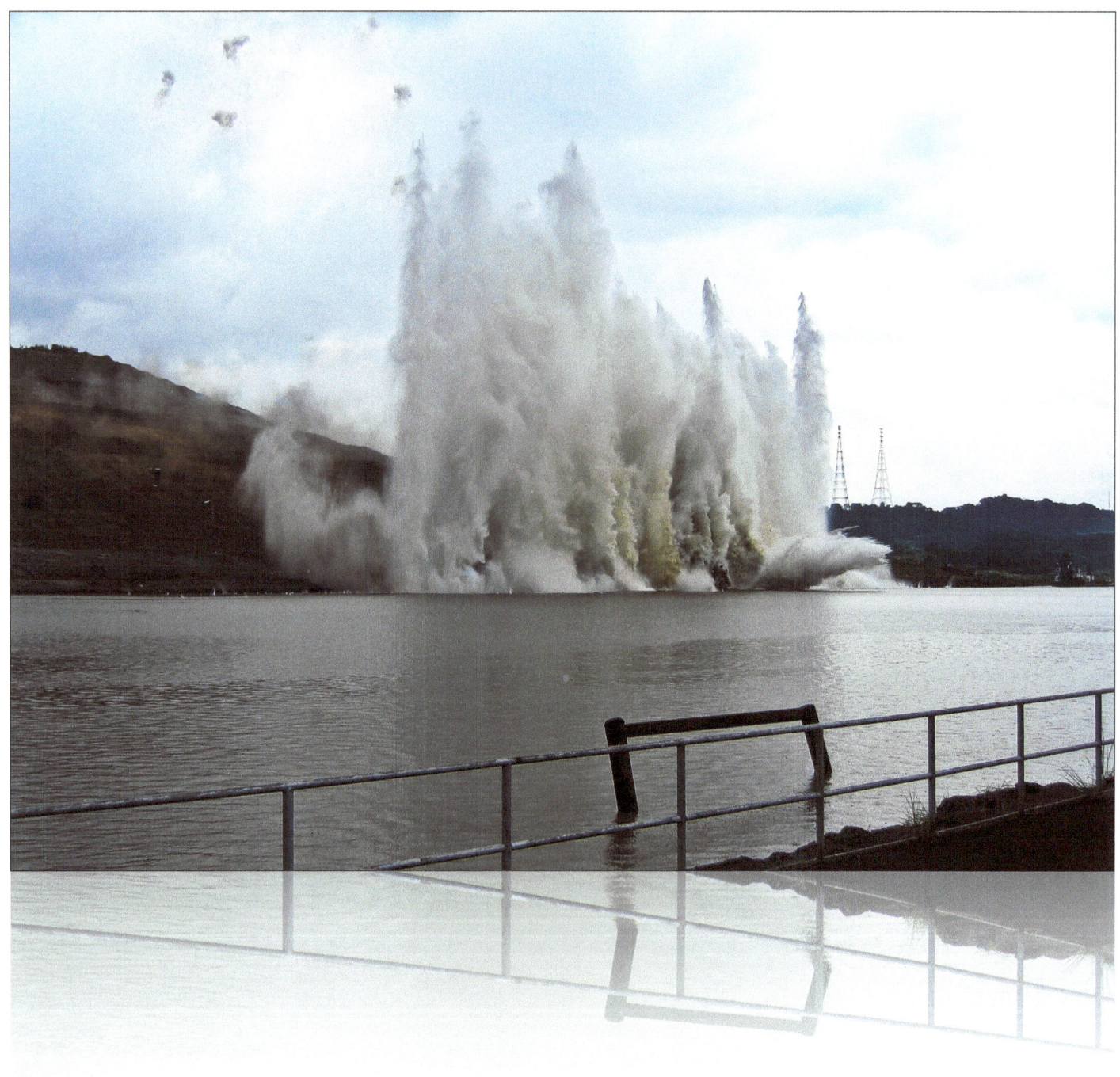

El éxito, no es una donación, sino una conquista.

"Estela al amanecer"

Corte Culebra en el tramo de Cucaracha con el puente Centenario al fondo
20 de enero de 2006

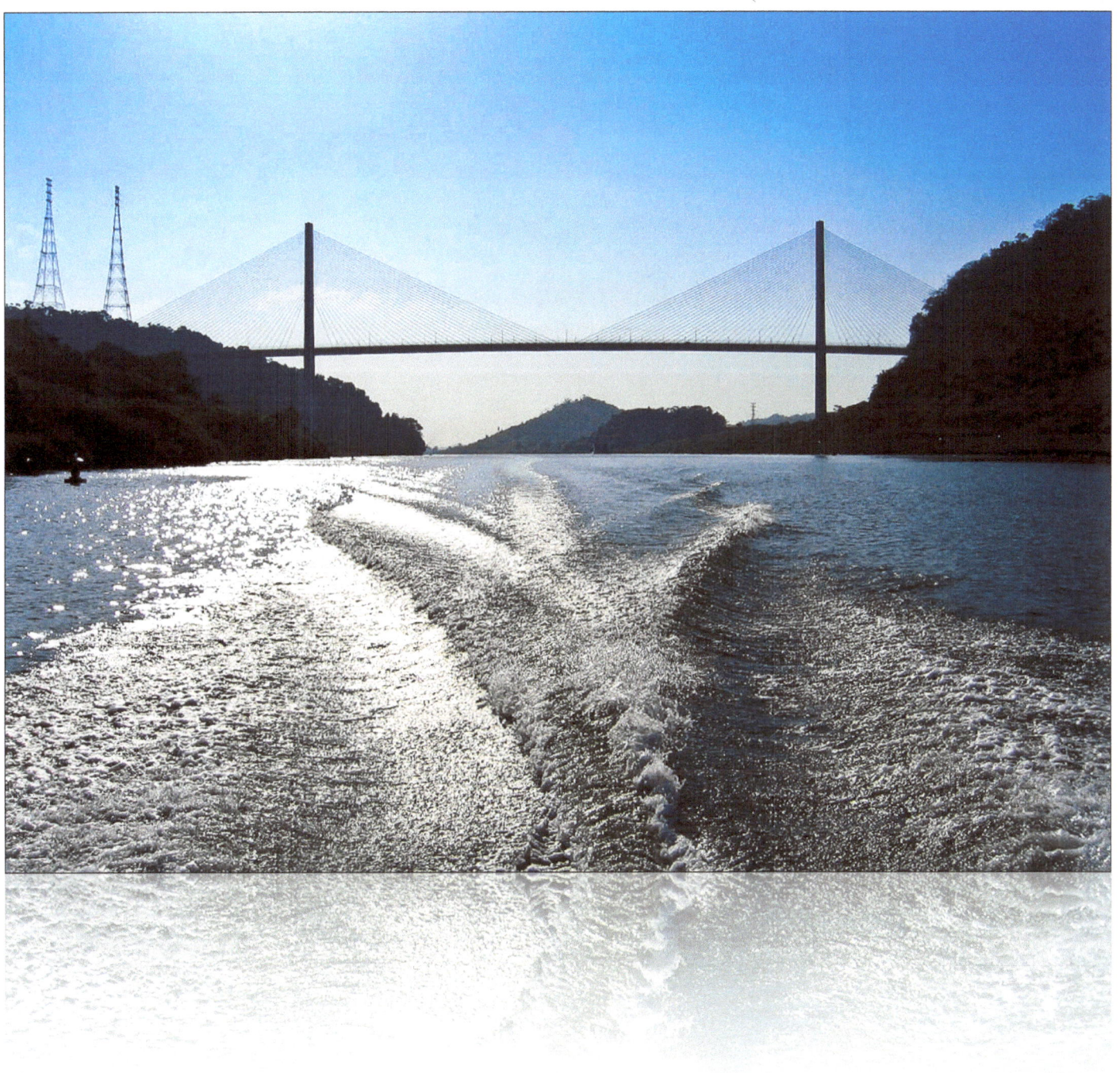

Caminantes somos y en el camino andamos.

"El panameño"

Reparación eléctrica en caserío aledaño al poblado de Boca de Río Indio
15 de abril de 2003

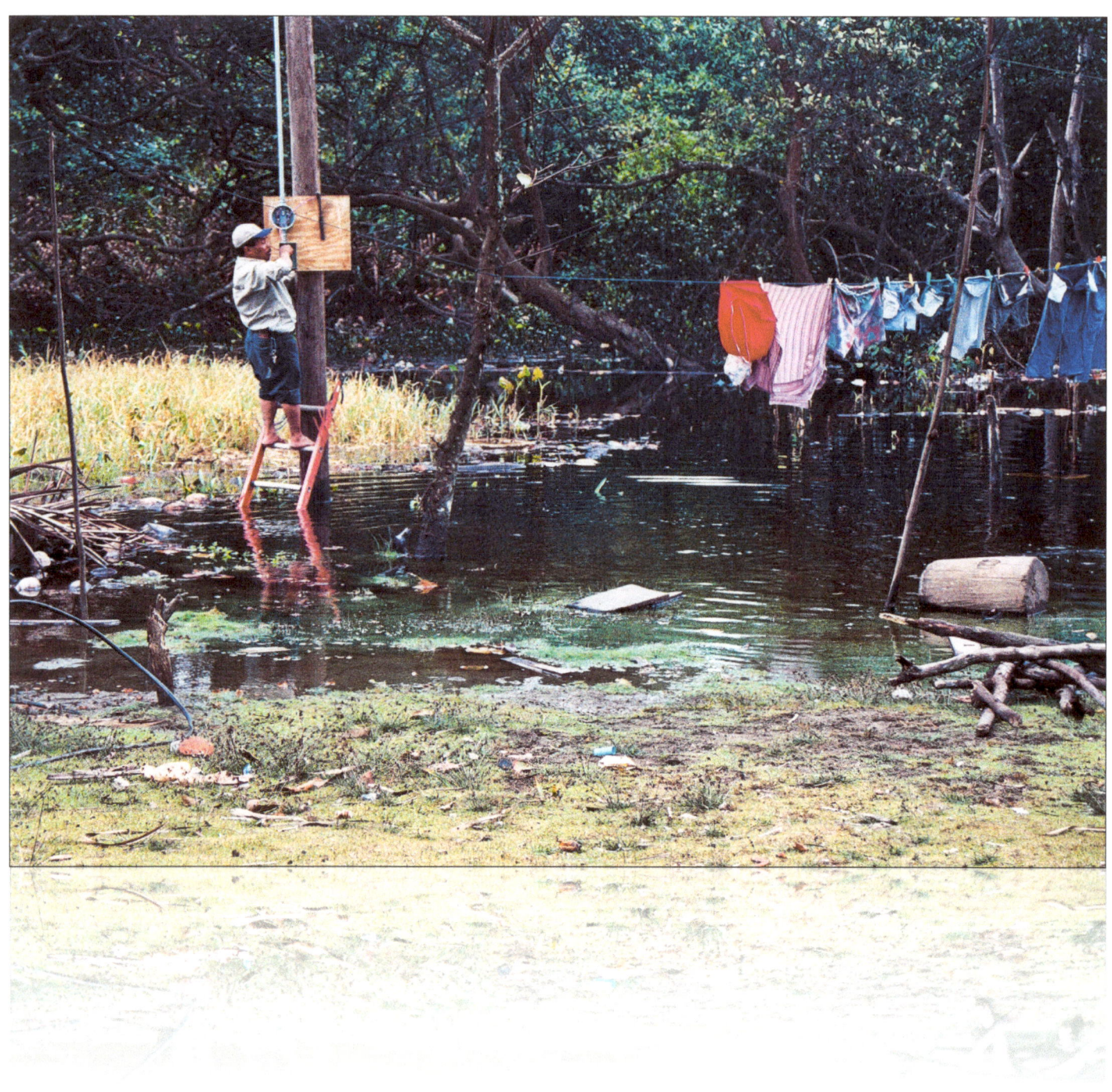

Quien ama el peligro, en él perece.

"Una acción irresponsable"

Tala y quema en la antigua región occidental de la cuenca del Canal
22 de abril de 2005

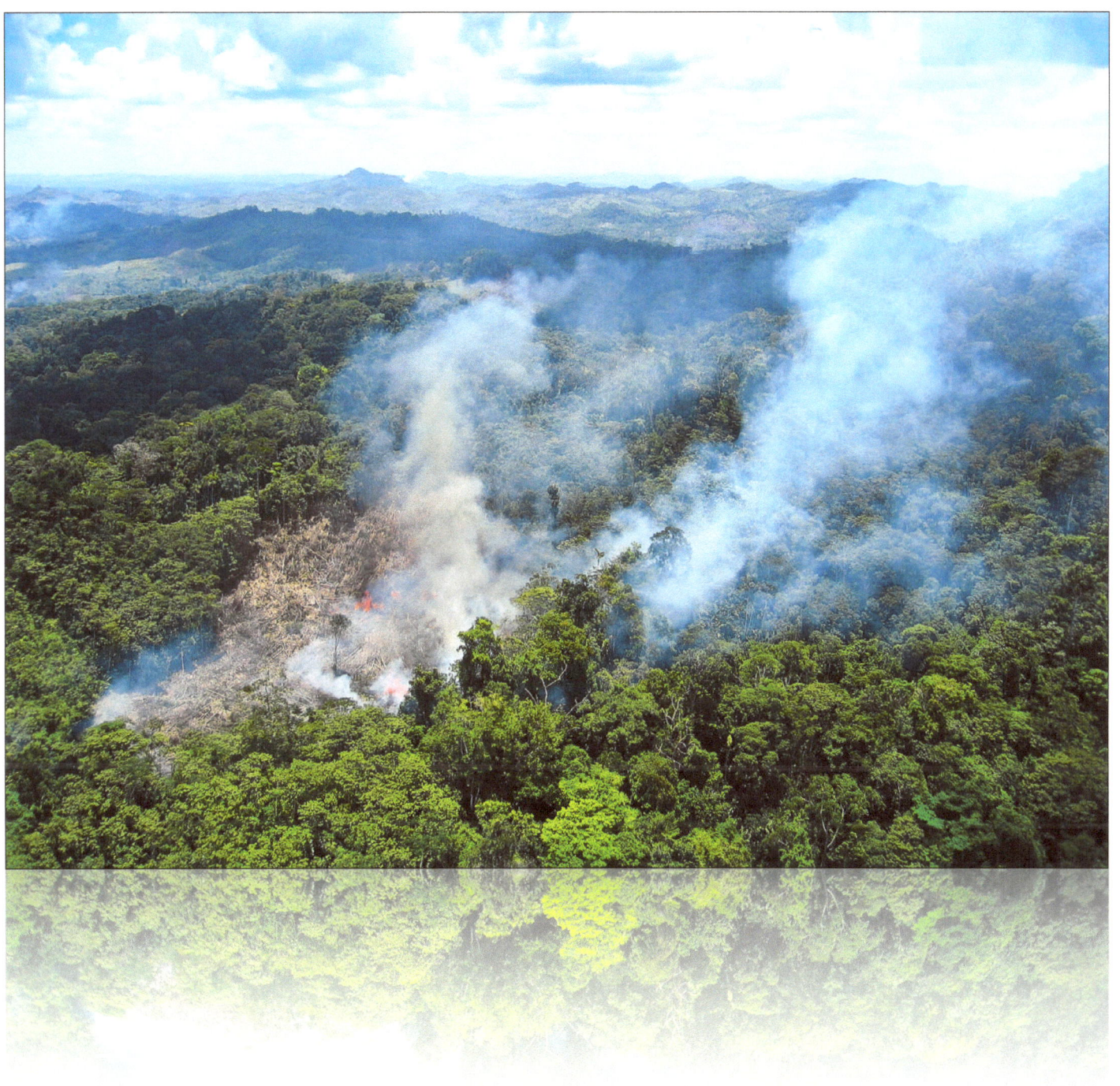

Ante los problemas, no te preocupes, ocúpate.

"Las mulas del Canal"
Locomotora 100 en el lado este de las esclusas de Miraflores
9 de abril de 2006

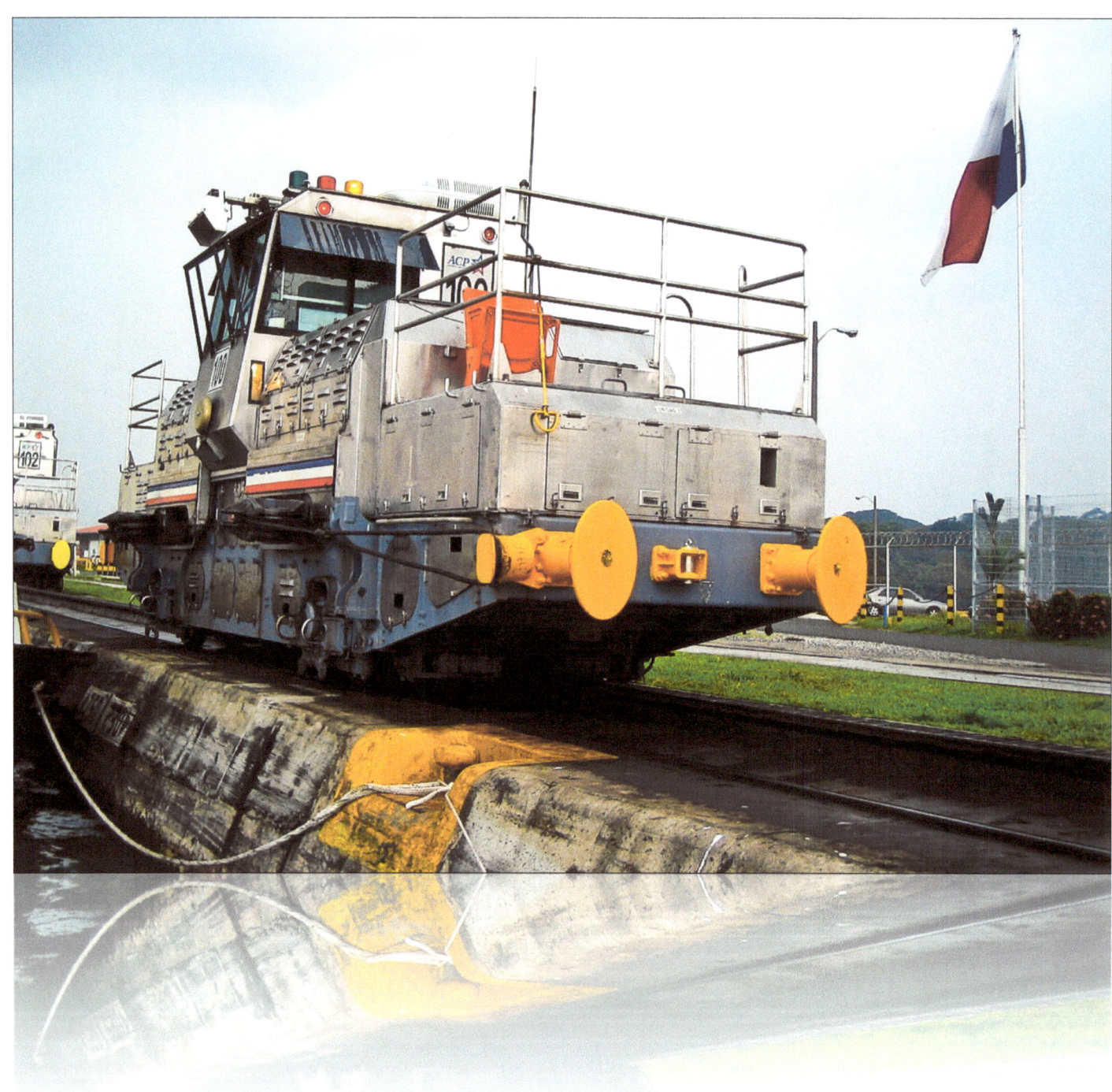

No hay mejor lotería que el trabajo y la economía.

"Reflejos ribereños"

Río San Juan de Pequení en la confluencia con la quebrada Candelaria
23 de enero de 2008

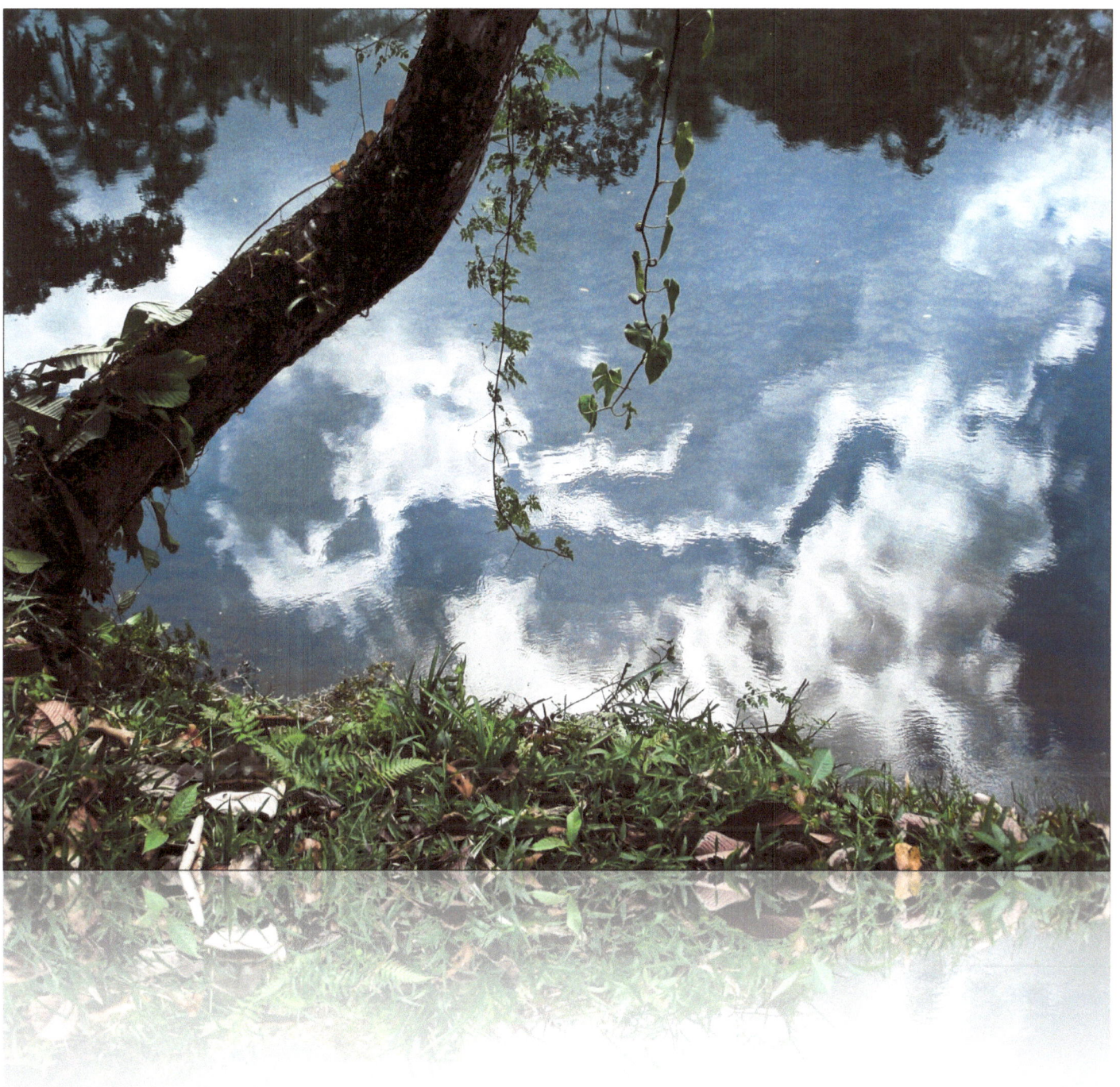

Cuando el sol se pone cubierto, o lluvia o viento.

"Piñata, pastillas y revolcón"
Celebración de cumpleaños en el poblado Emberá Drúa
11 de septiembre de 2001

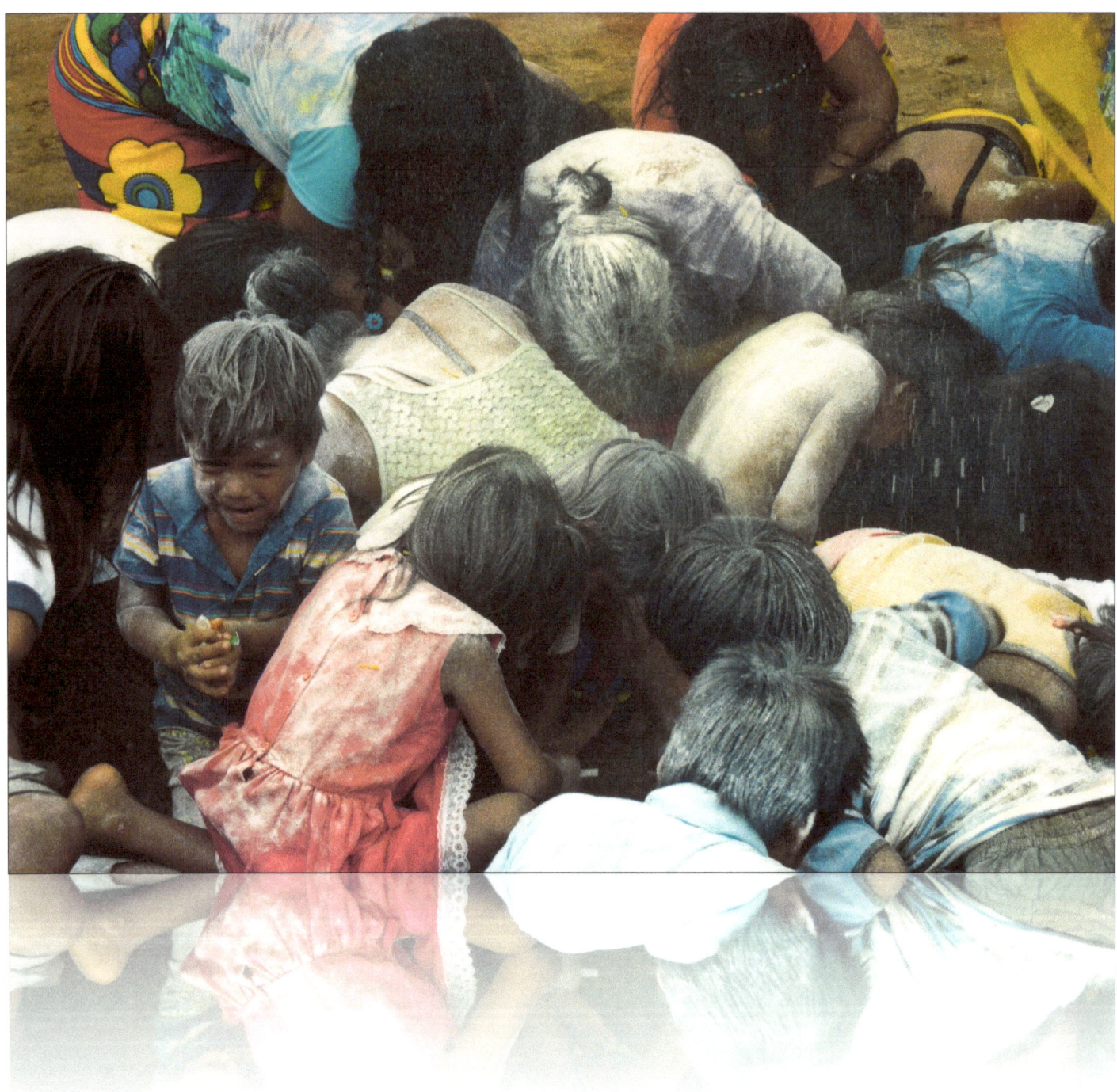

De cuantos bienes Dios envía, el más valioso es la alegría.

"Telaraña y víctimas"

Estación de Agua Clara en la parte superior de la cuenca del río Gatún
15 de mayo de 2008

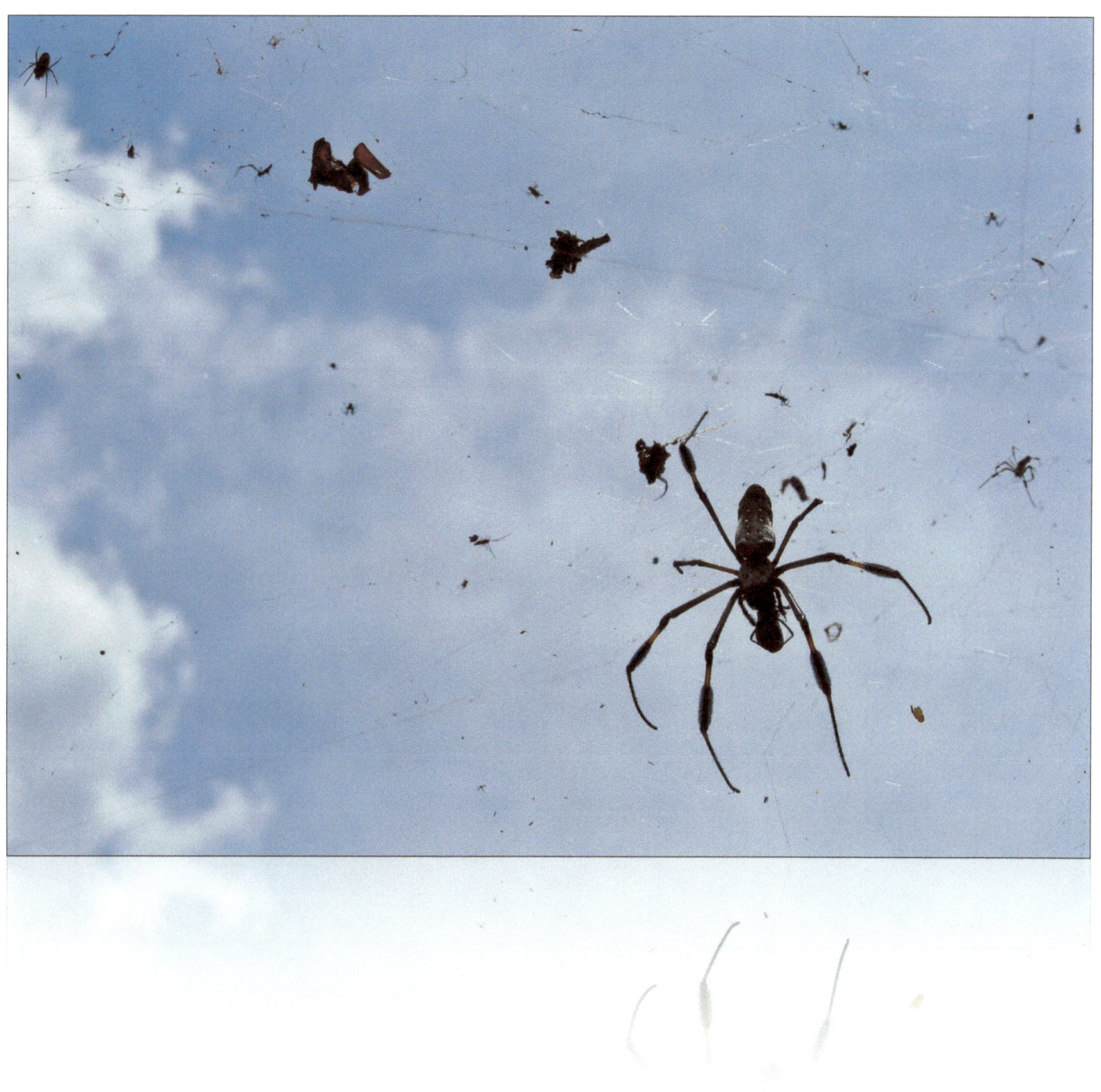

Una sola araña, cien moscas apaña.

"Desde la grúa Titán"

Mantenimiento de las esclusas y vista del lago Miraflores
18 de diciembre de 2002

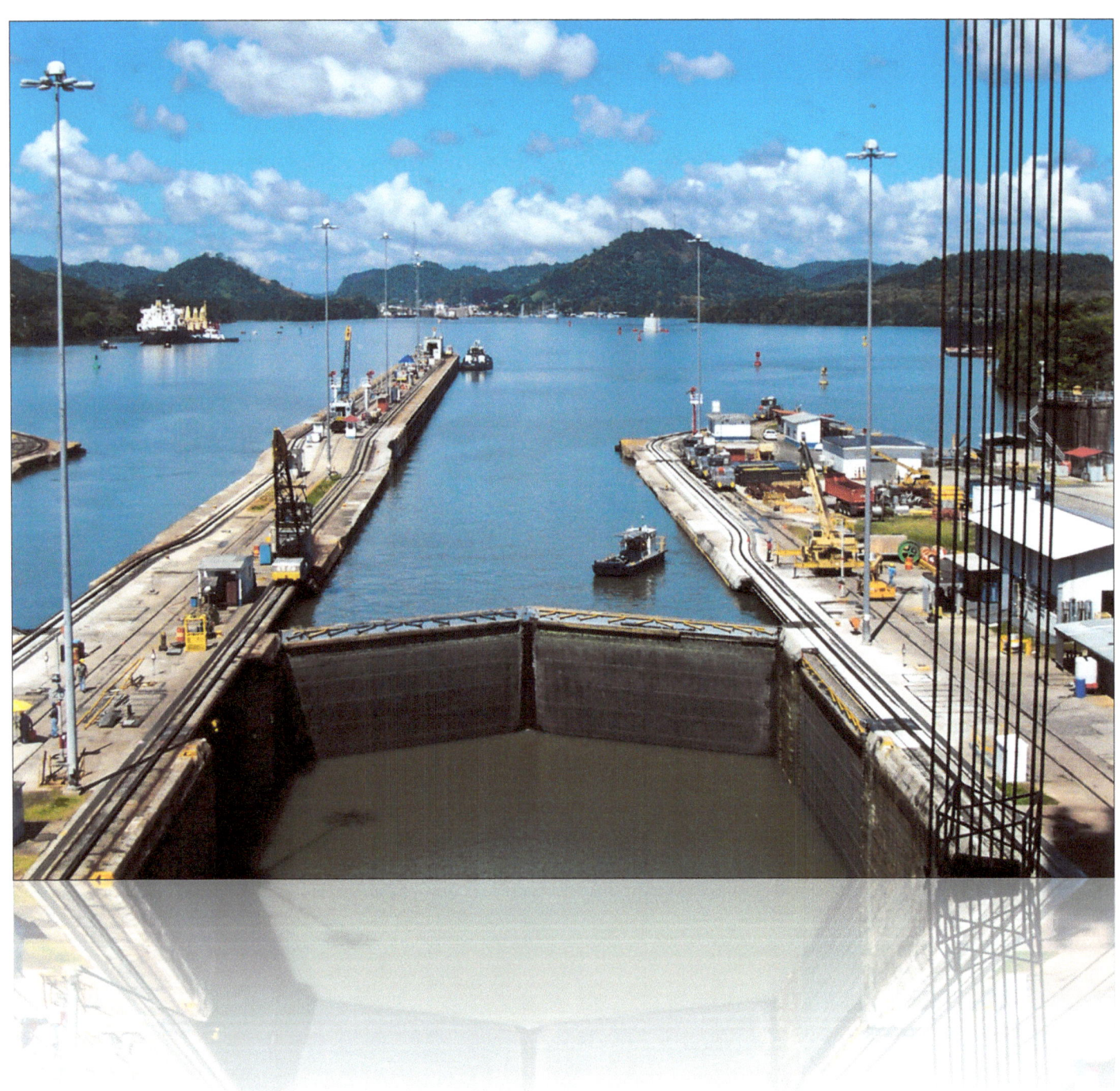

Trabajo terminado, marchante seguro.

"Una mano extendida al cielo"

Árbol remanente del llenado del lago Gatún en 1913
4 de enero de 2005

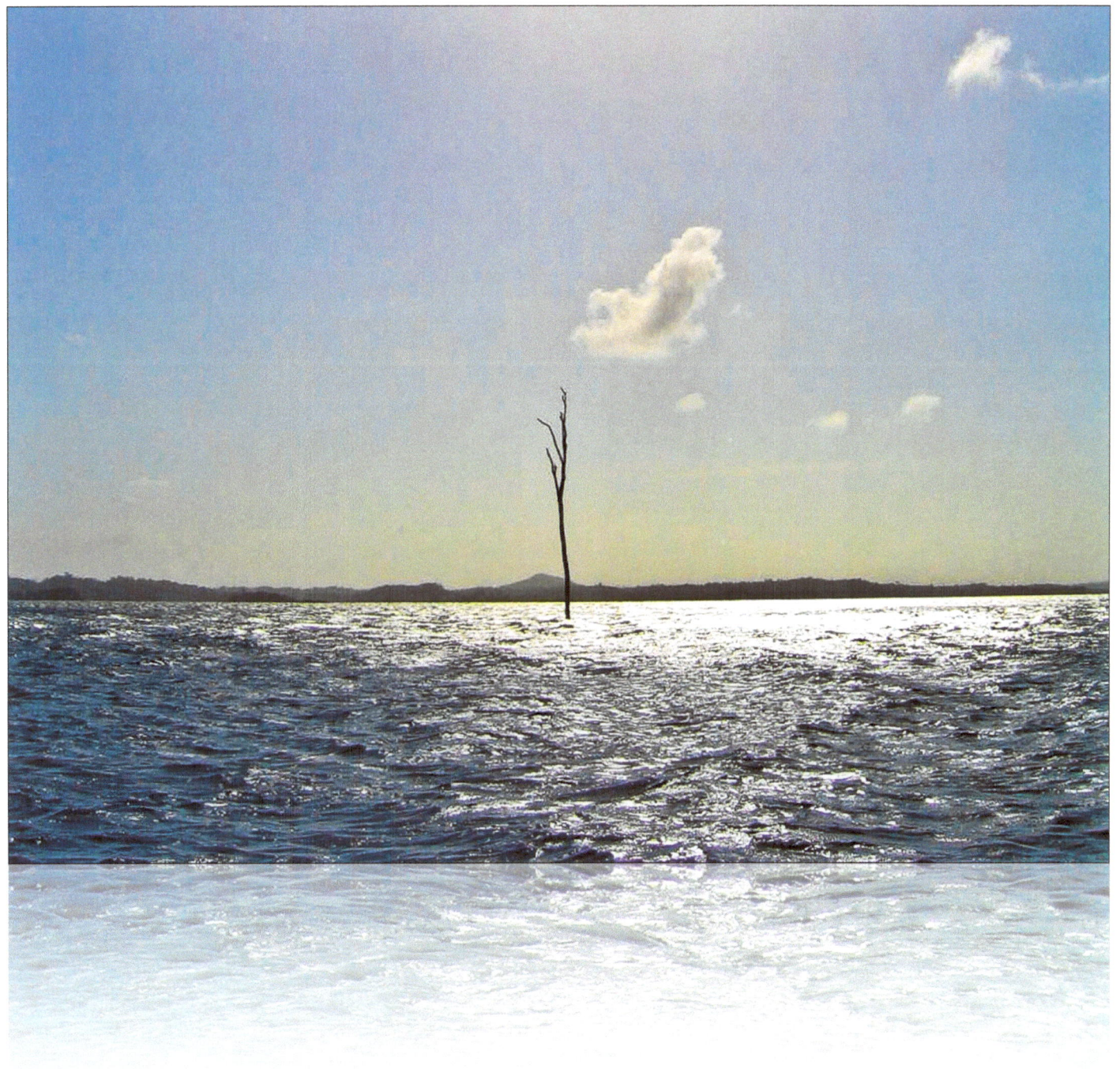

Al hombre osado, la fortuna le da la mano.

"Logro comunitario"

Suministro de agua potable a los lugareños del poblado de Batatilla
15 de agosto de 2003

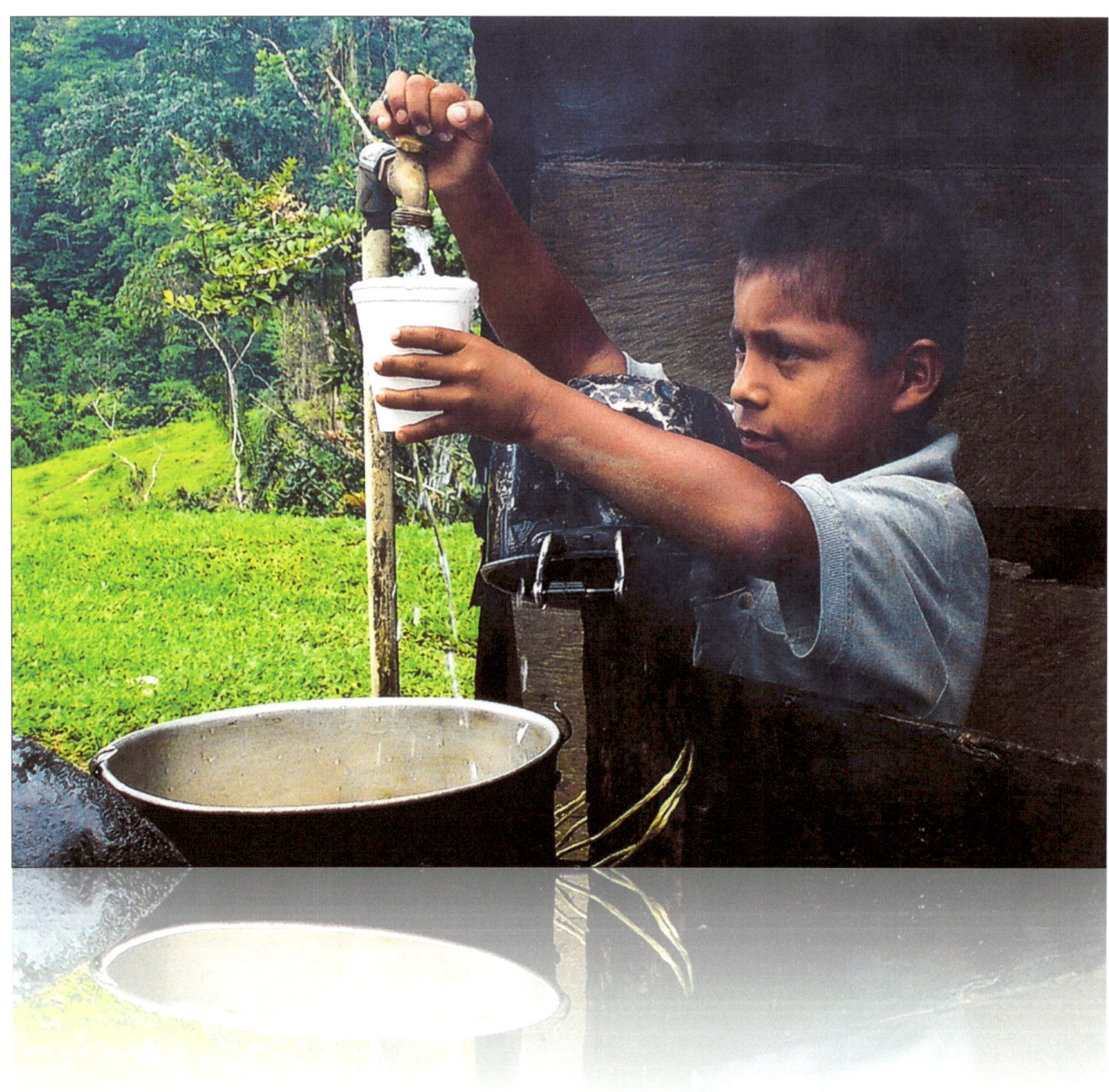

Agua corriente sana a la gente.

"Influencia antropogénica"

Vegetación acuática en la desembocadura del río Indio en el río Chagres
13 de abril de 2004

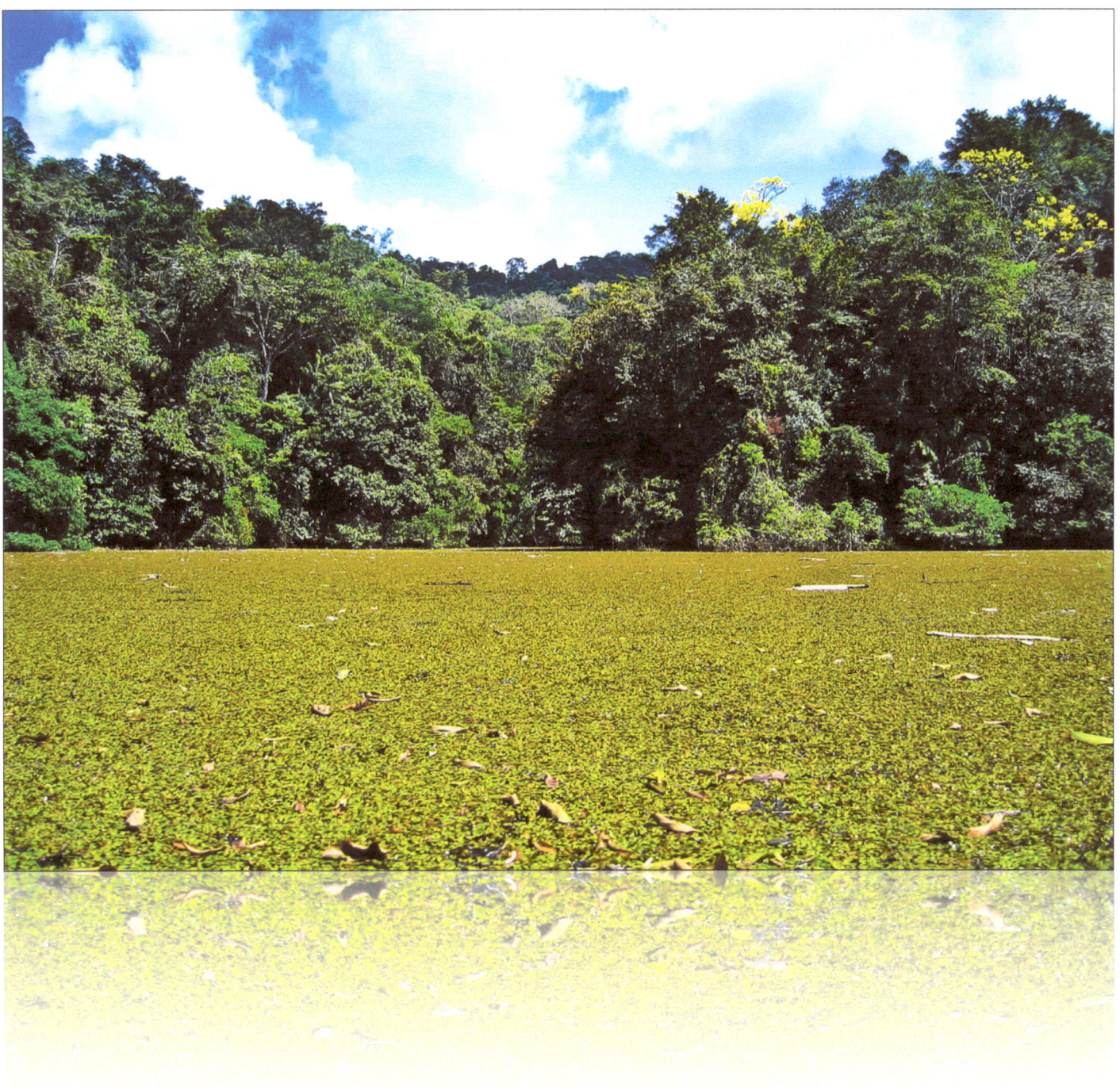

Debajo de la mata florida, está la culebra escondida.

"Niebla matutina"
Esclusas de Pedro Miguel en el lago Gatún
28 de agosto de 2007

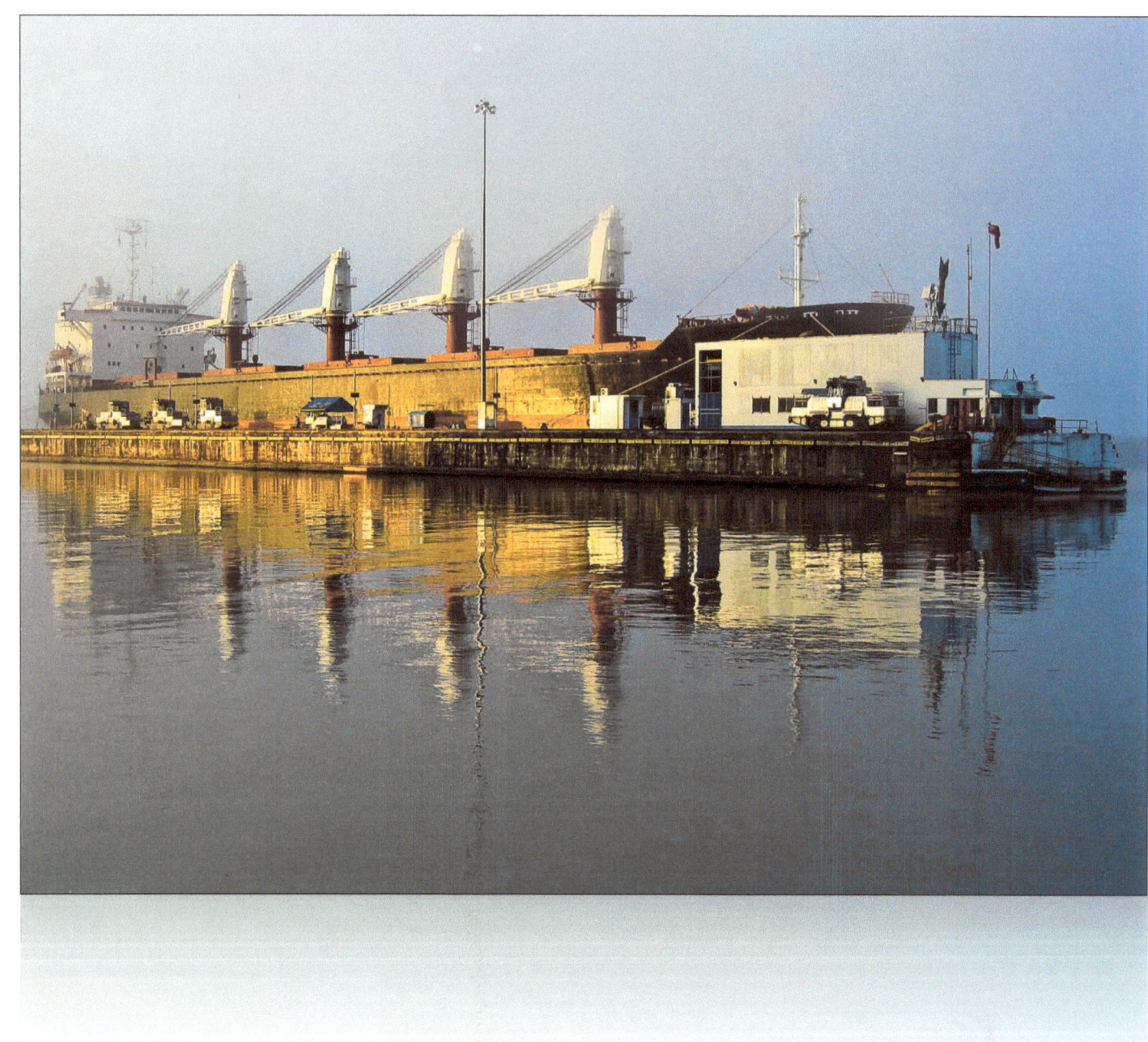

No dejes para mañana, lo que puedas hacer hoy.

"Unión fraternal"

Confluencia de los ríos Pequení y Boquerón en el lago Alhajuela
6 de septiembre de 2007

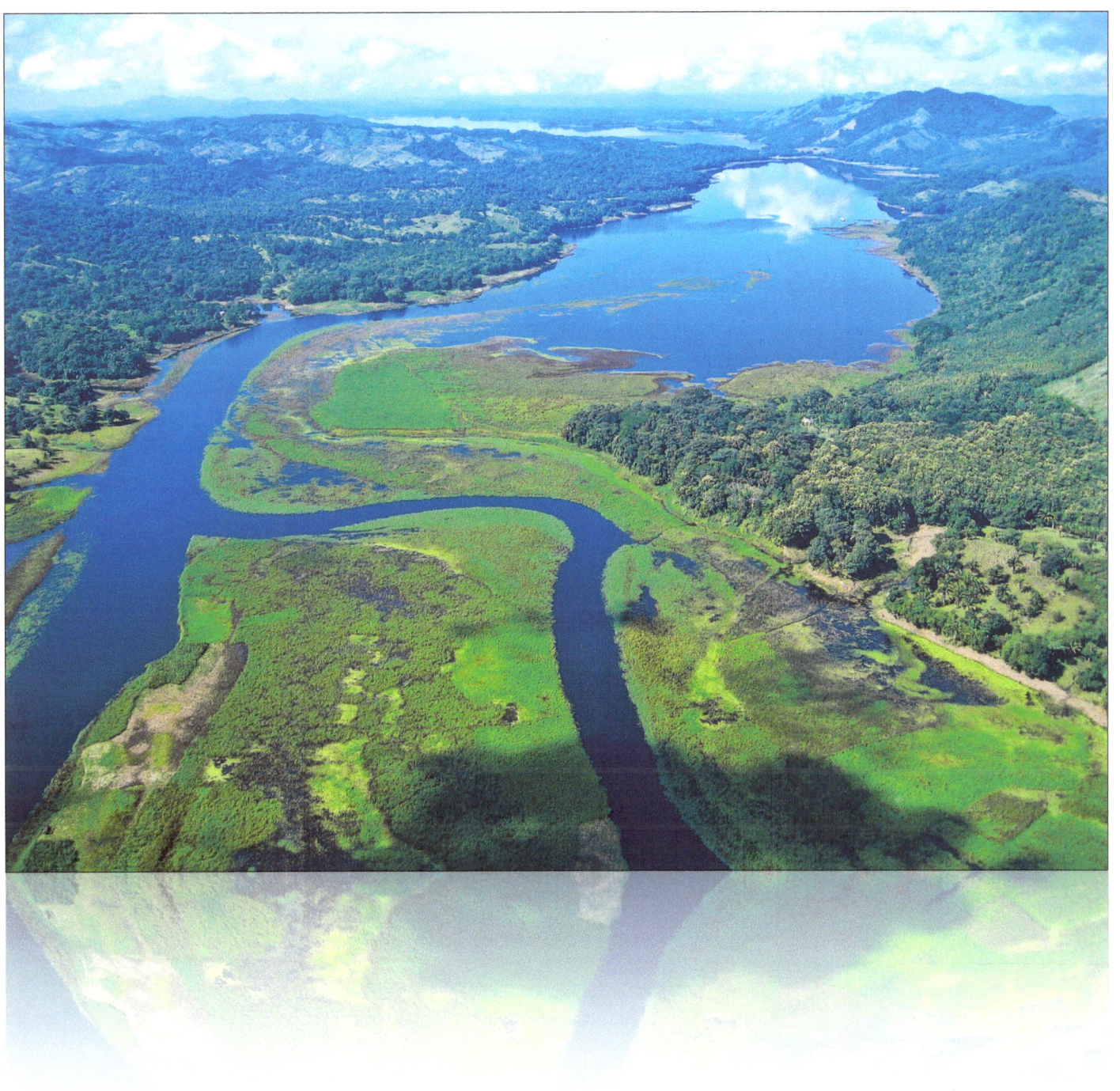

La unión hace la fuerza.

"Pesca artesanal de tilapias"
Desembarcadero de Nuevo Vigía en el lago Alhajuela
11 de enero de 2002

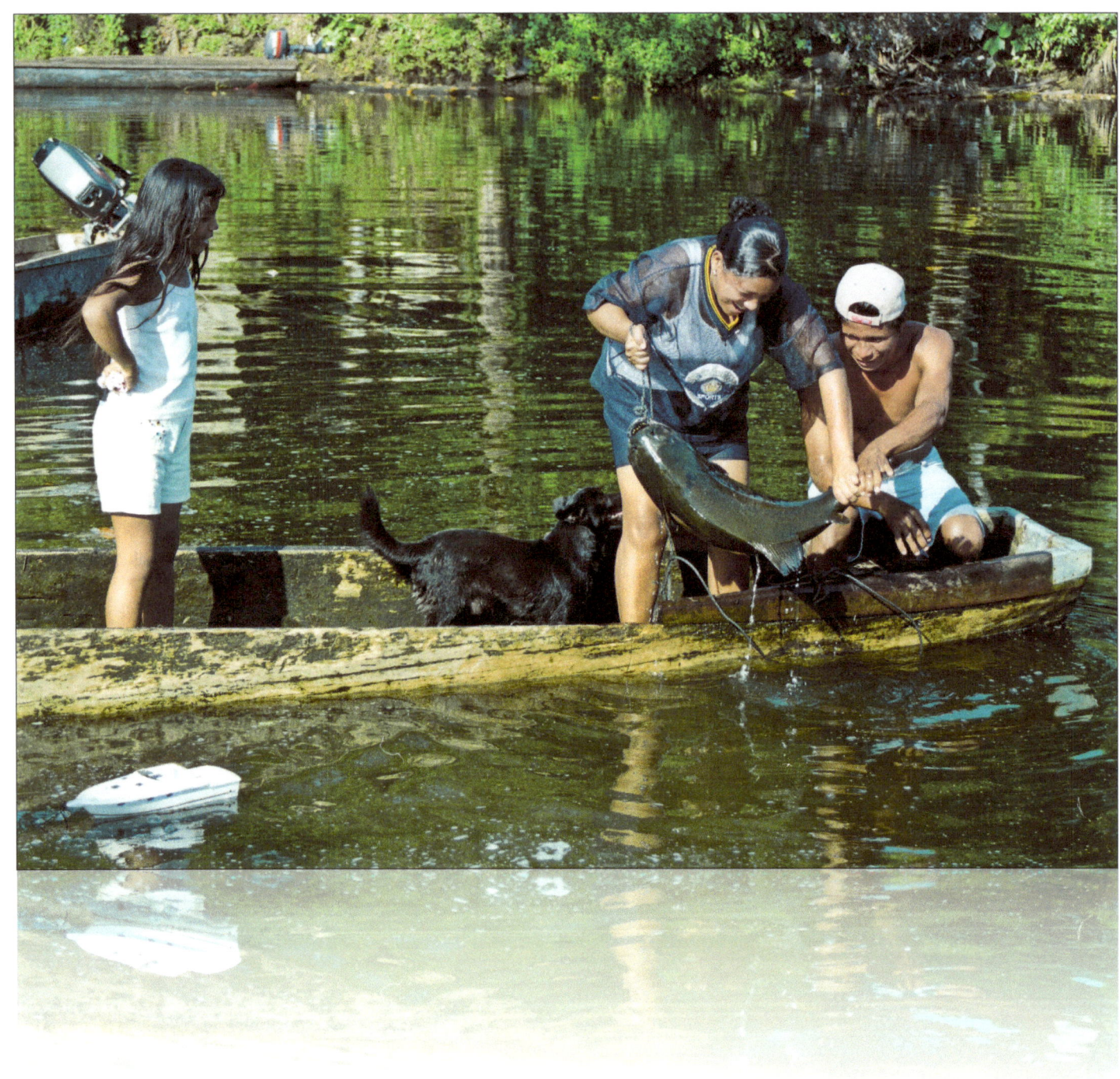

El pescar con caña, requiere paciencia y maña.

"Gryllidae"

Estación de Monte Lirio en la isla de Juan Gallego del lago Gatún
4 de enero de 2007

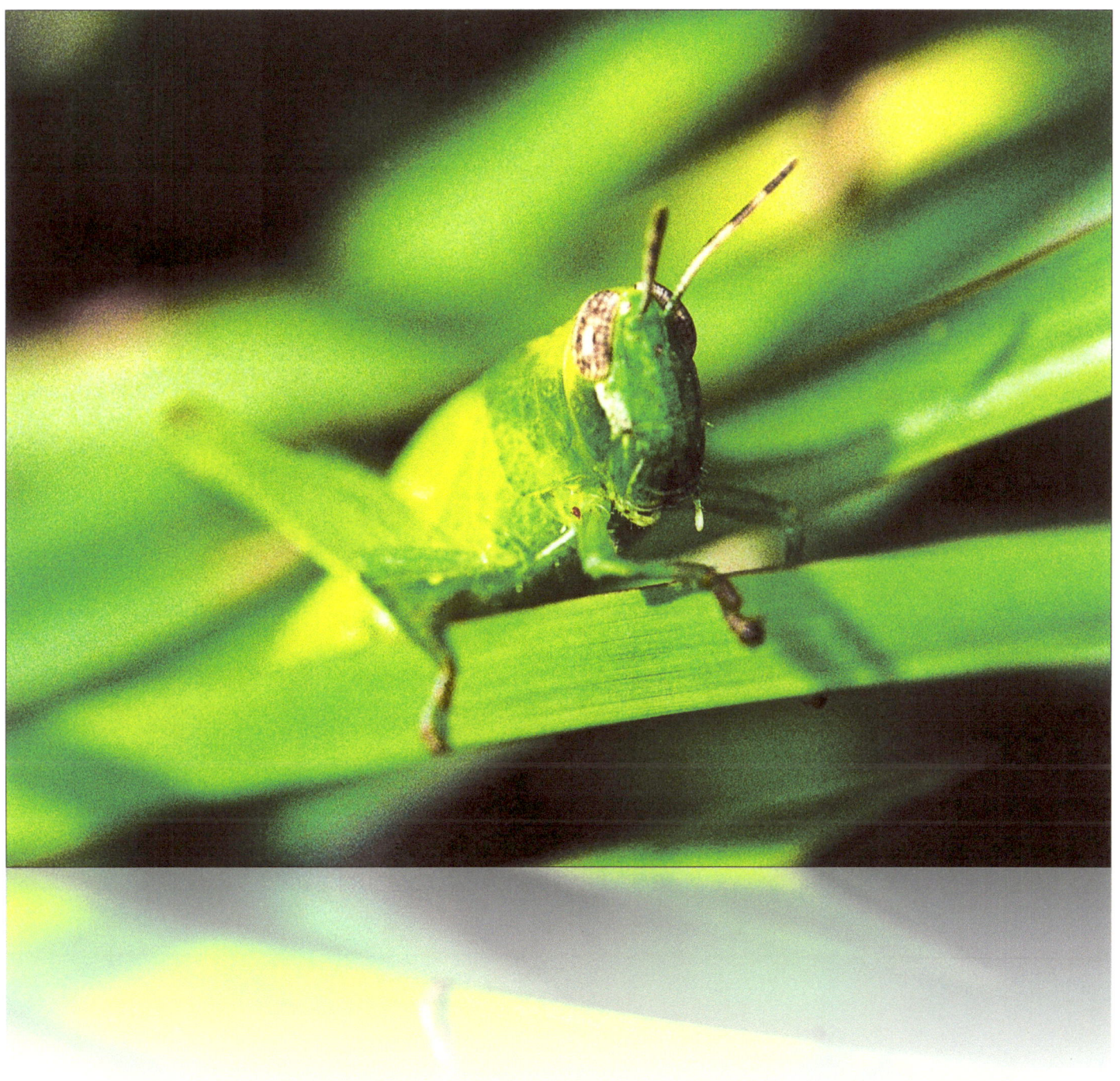

Quien con esperanza vive, alegre espera la muerte.

"Ayer y hoy"
Barcos de vela y pasajeros en las esclusas de Pedro Miguel
21 de octubre de 2004

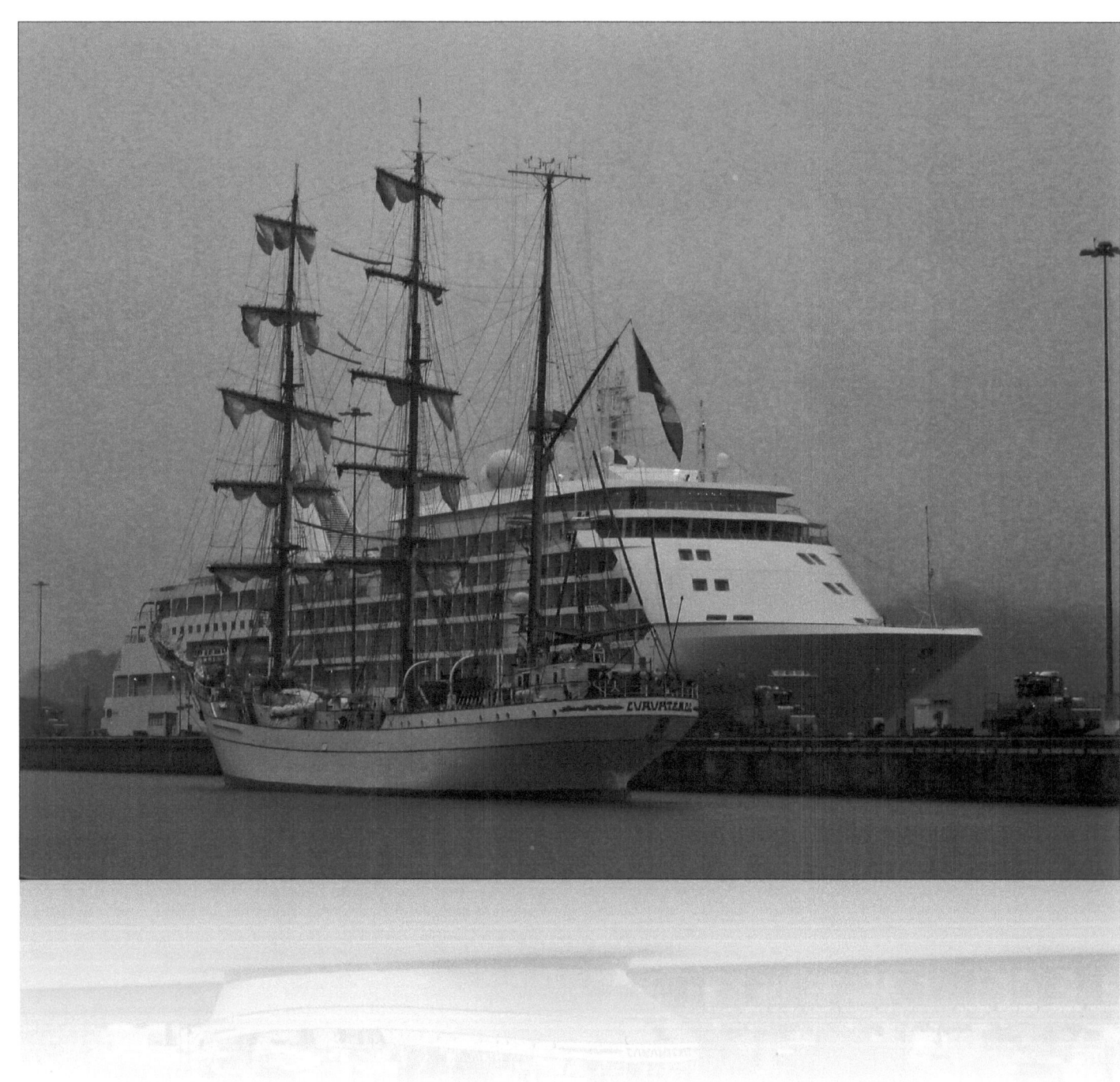

La práctica hace al maestro.

"Iluminación divina"

Lago Gatún en las proximidades de la estación de Guacha
28 de enero de 2004

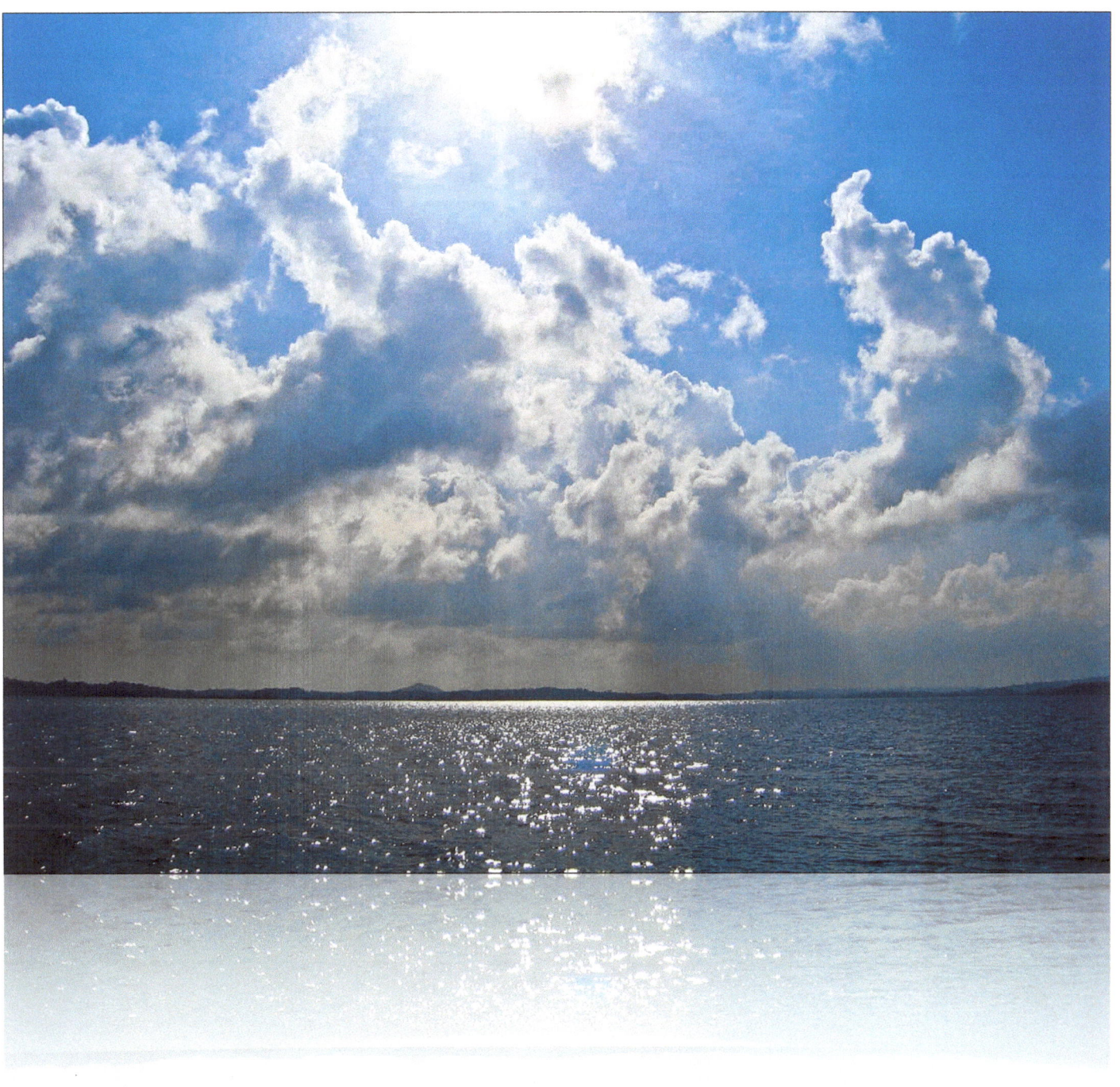

**La política es como agua de nube,
a unos los baja, a otros los sube.**

"El cumpleañero"
Poblado Emberá Drúa en el río Chagres
11 de septiembre de 2001

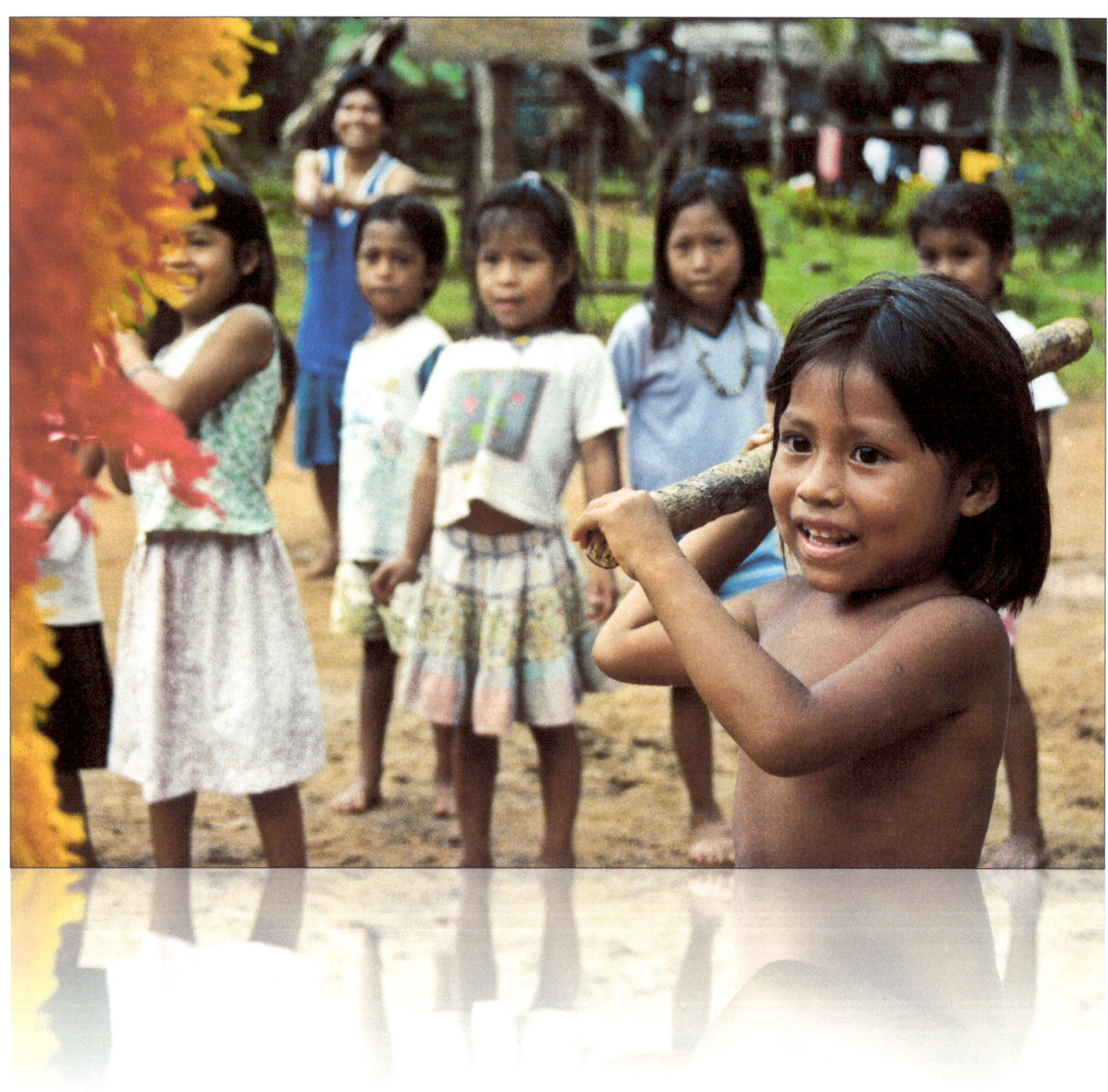

El amor y el niño, donde les muestren cariño.

"Selva virgen"

Parte superior de la cuenca del lago Alhajuela en el Parque Nacional Chagres
6 de julio de 2000

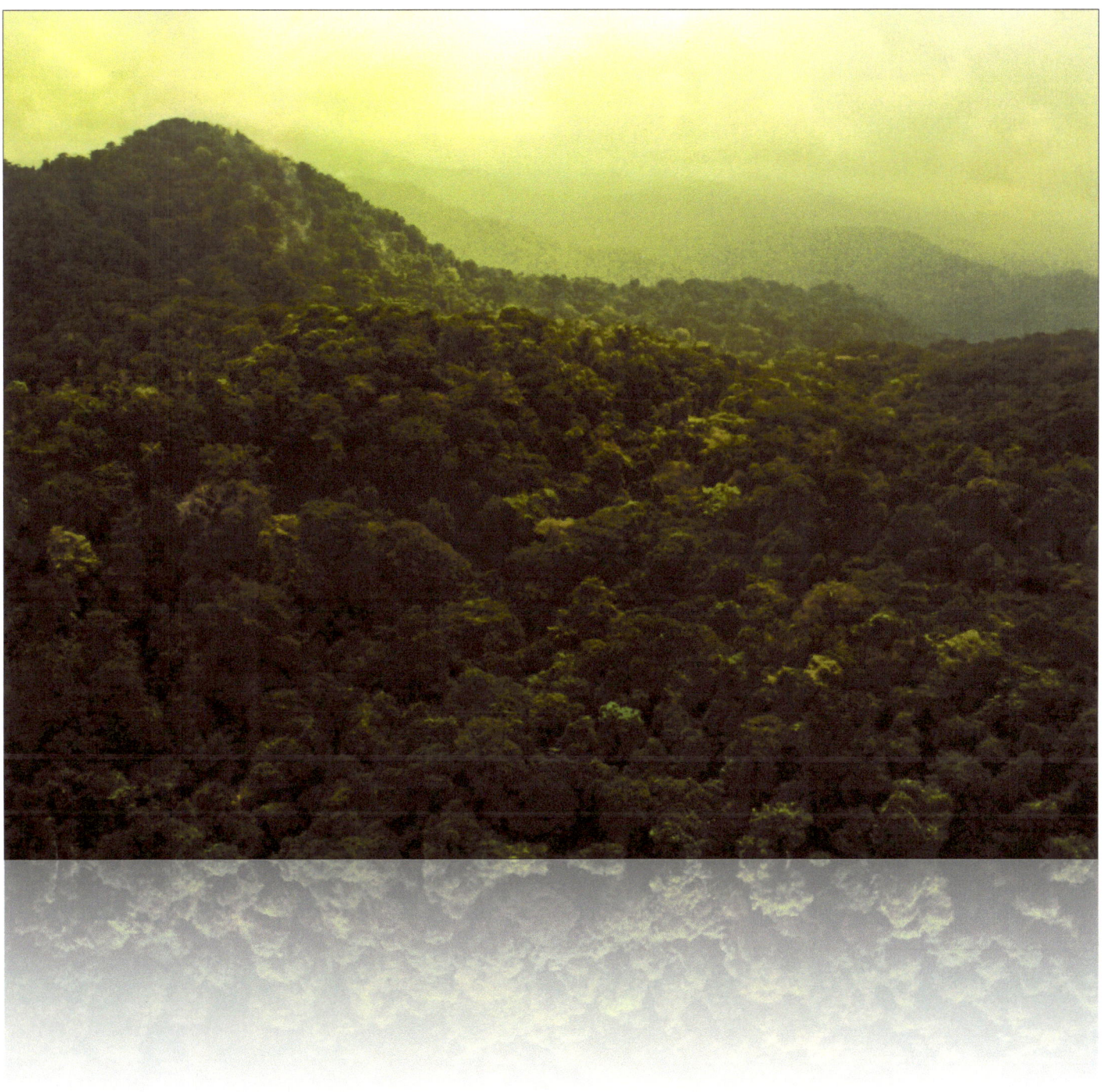

Cuando el tiempo ayuda, hasta los troncos retoñan.

"Al inicio de la jornada"
Vista de las esclusas de Pedro Miguel desde el edificio 105
26 de octubre de 2004

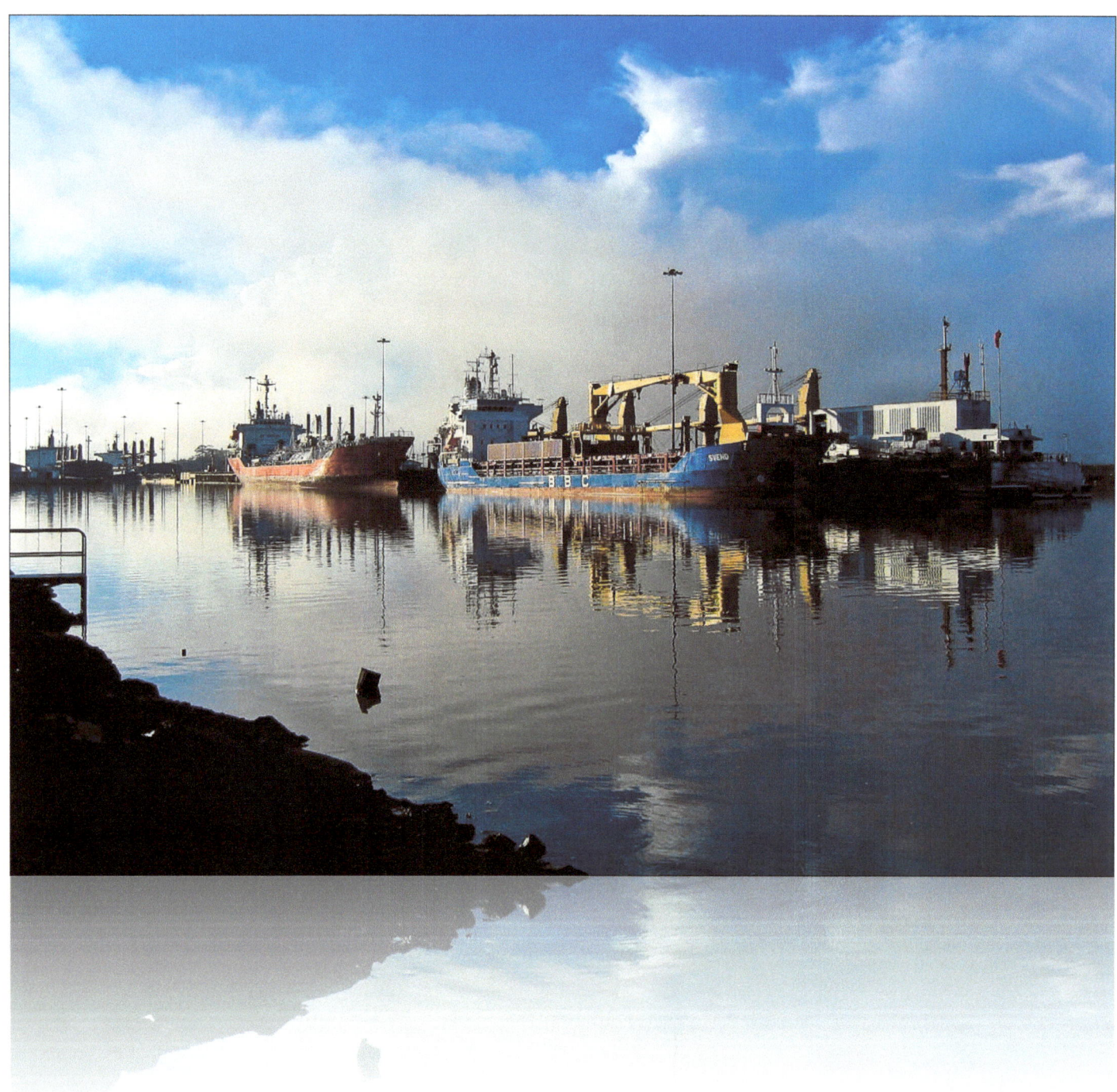

Navío parado no gana flete.

"Agua y tierra"
Sección transversal del río Piedras vista desde arriba
25 de julio de 2003

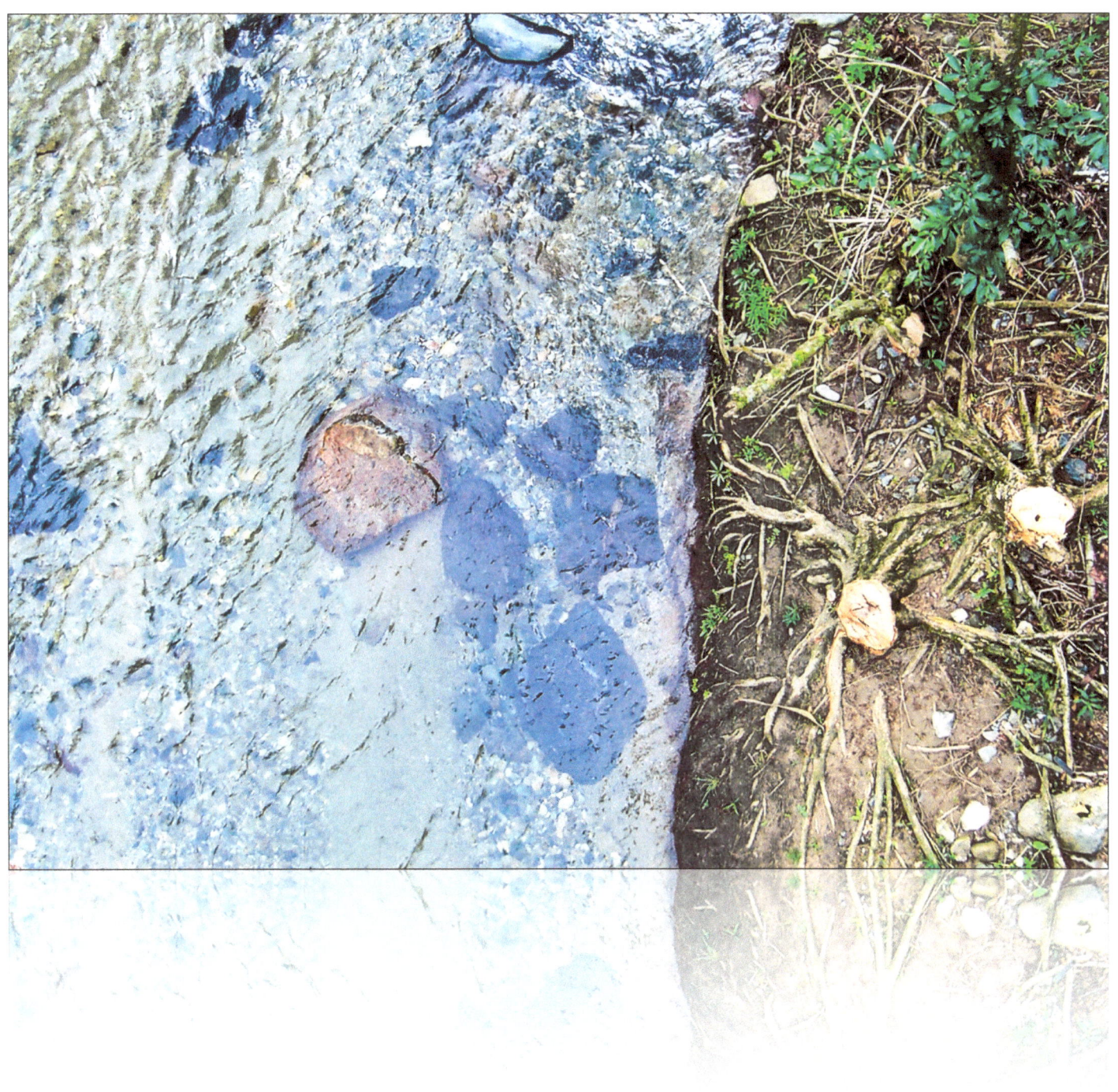

A grandes males, grandes remedios.

"Familia rural"
Pobladores del área colindante al helipuerto de la estación de Batatilla
13 de enero de 2000

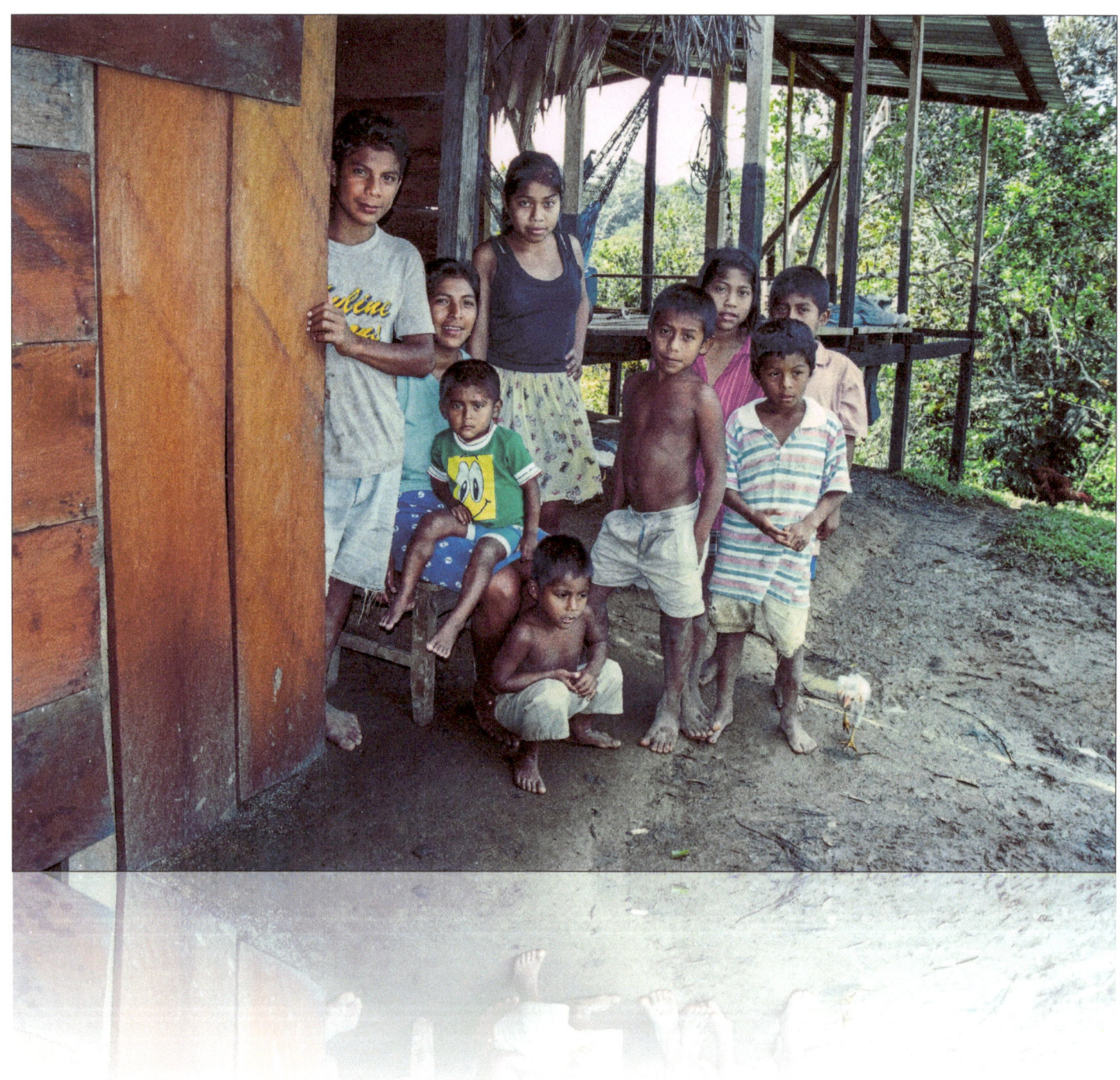

Lo mejor de gastar con los hijos es el tiempo.

"Destrucción y muerte"

Bosque cerca del poblado de Santo Domingo en la cuenca del río Gatún
18 de marzo de 2008

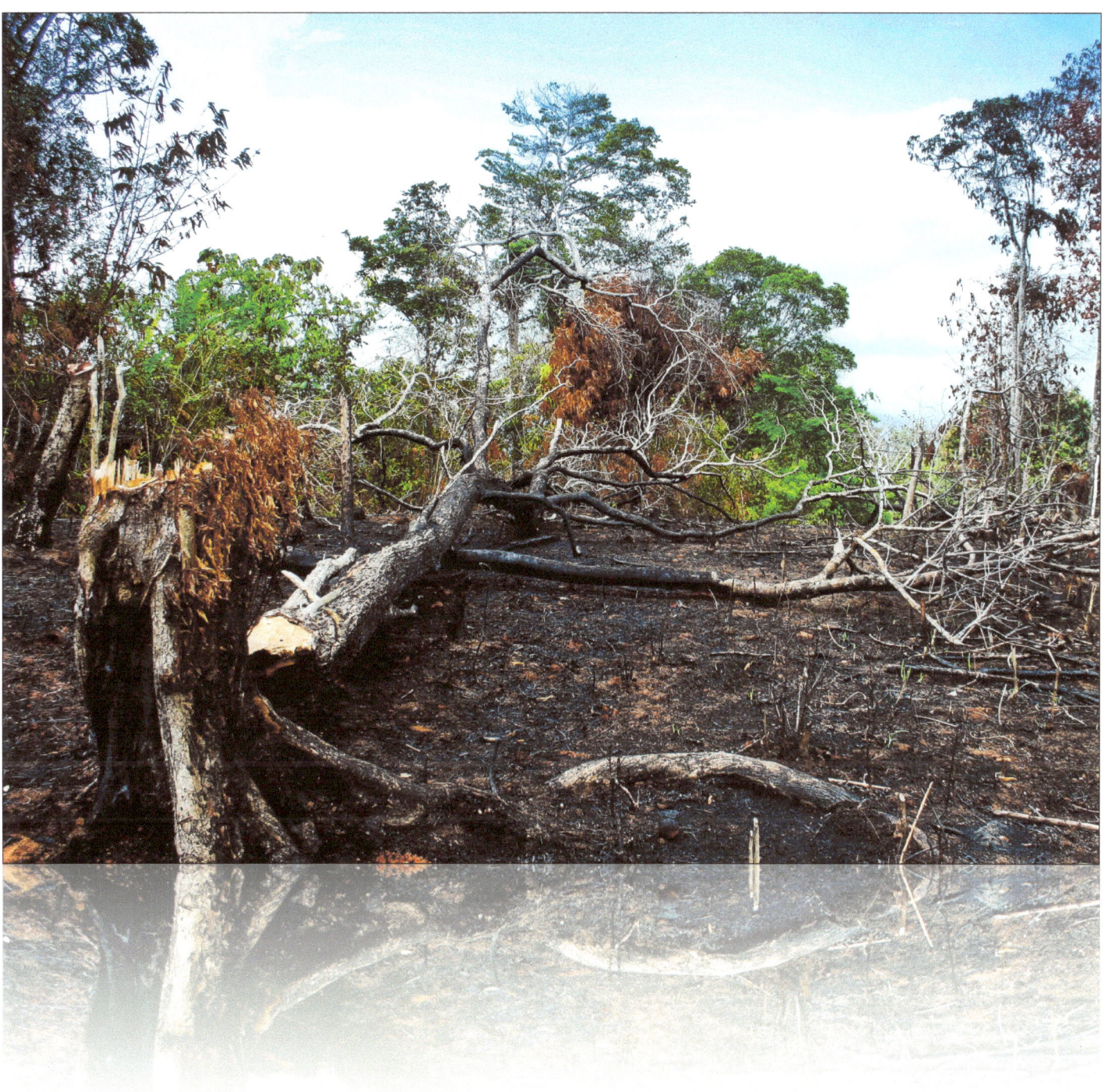

Los muertos mueren cuando los olvidamos.

"Una infame costumbre"

Robo de los paneles solares de la ACP (estación de Caño)
27 de junio de 2003

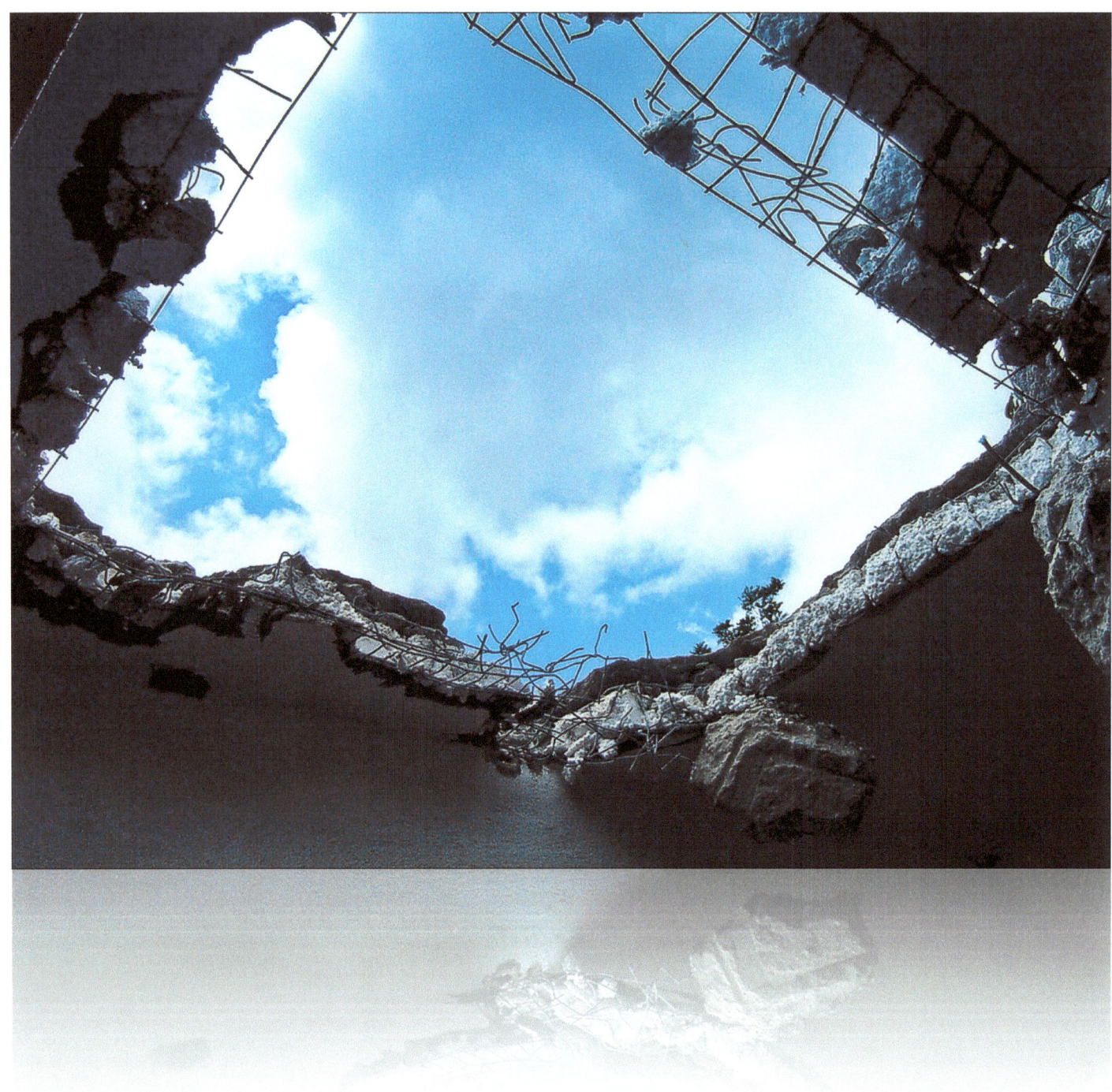

El que un día roba un huevo, al día siguiente roba una res.

"Erosión aguas arriba"
Río Coclé del Norte en su confluencia con el río Cuatro Calles
16 de septiembre de 1999

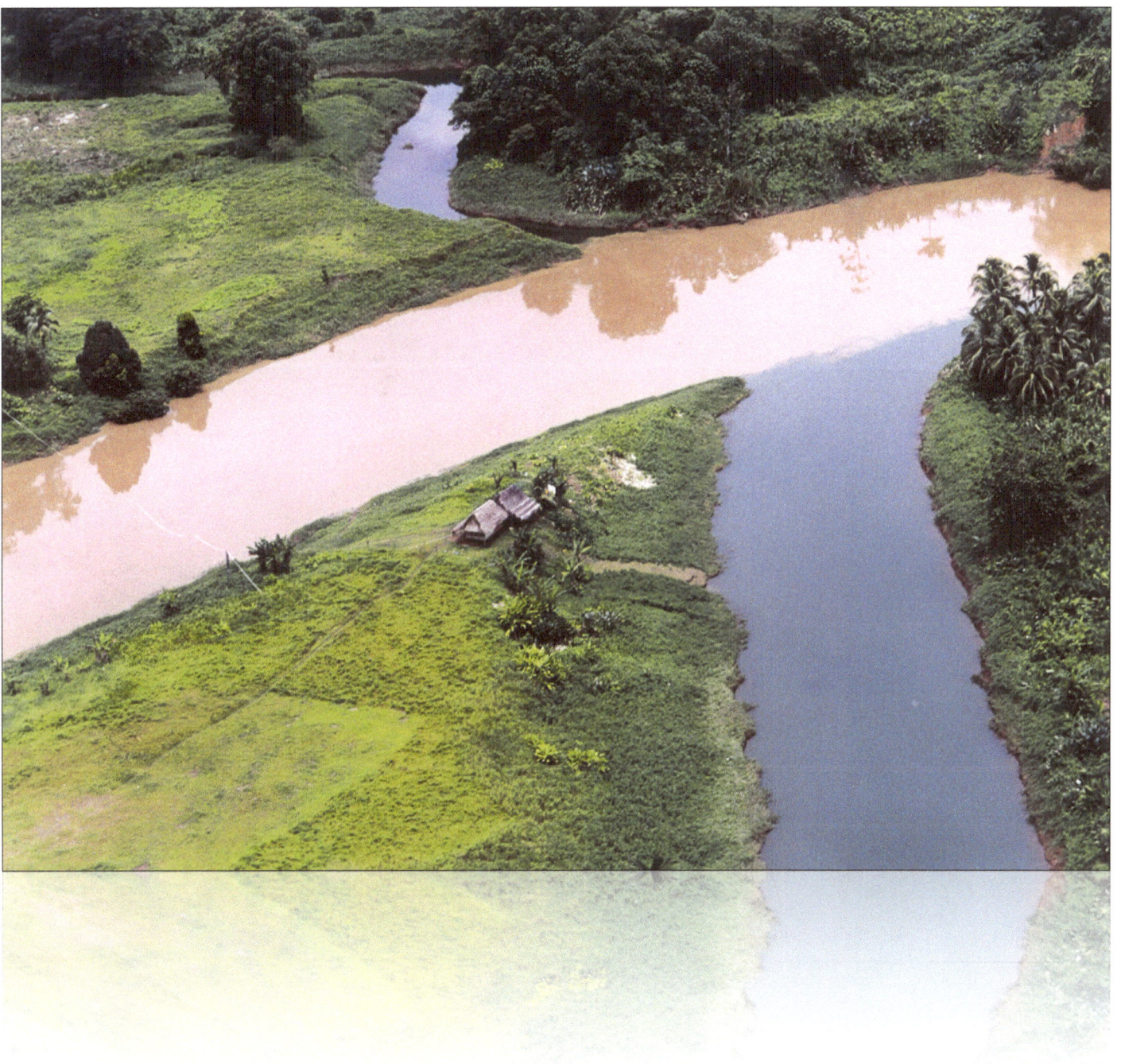

Dios los cría y ellos se juntan.

"Hermanastros"
Poblado de Filipinas aledaño a la cuenca del Canal
24 de mayo de 2001

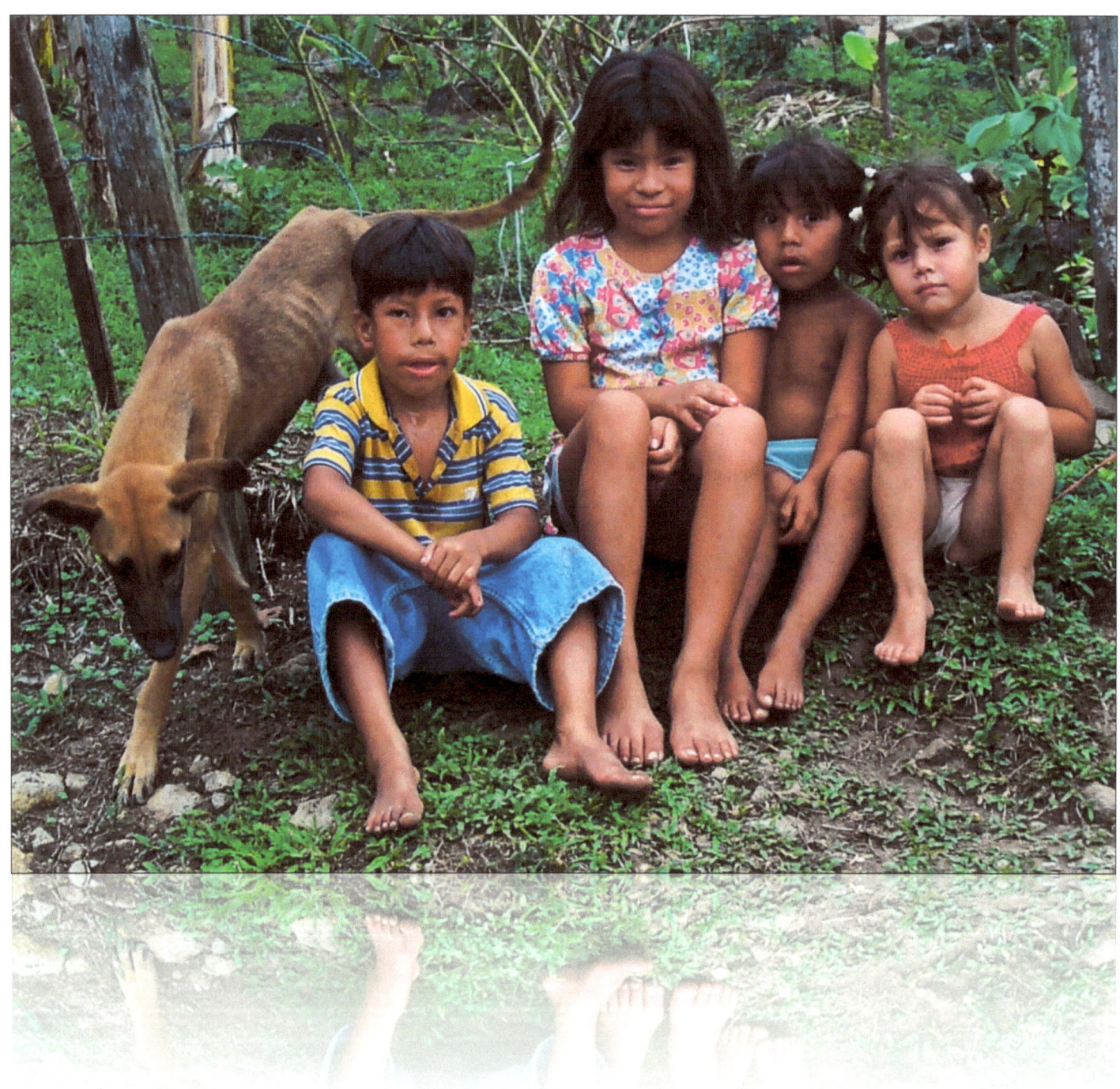

La casualidad nos hace hermanos; el corazón, amigos.

"Piñales"

Uso de los suelos en la provincia de Panamá Oeste
31 de mayo de 2004

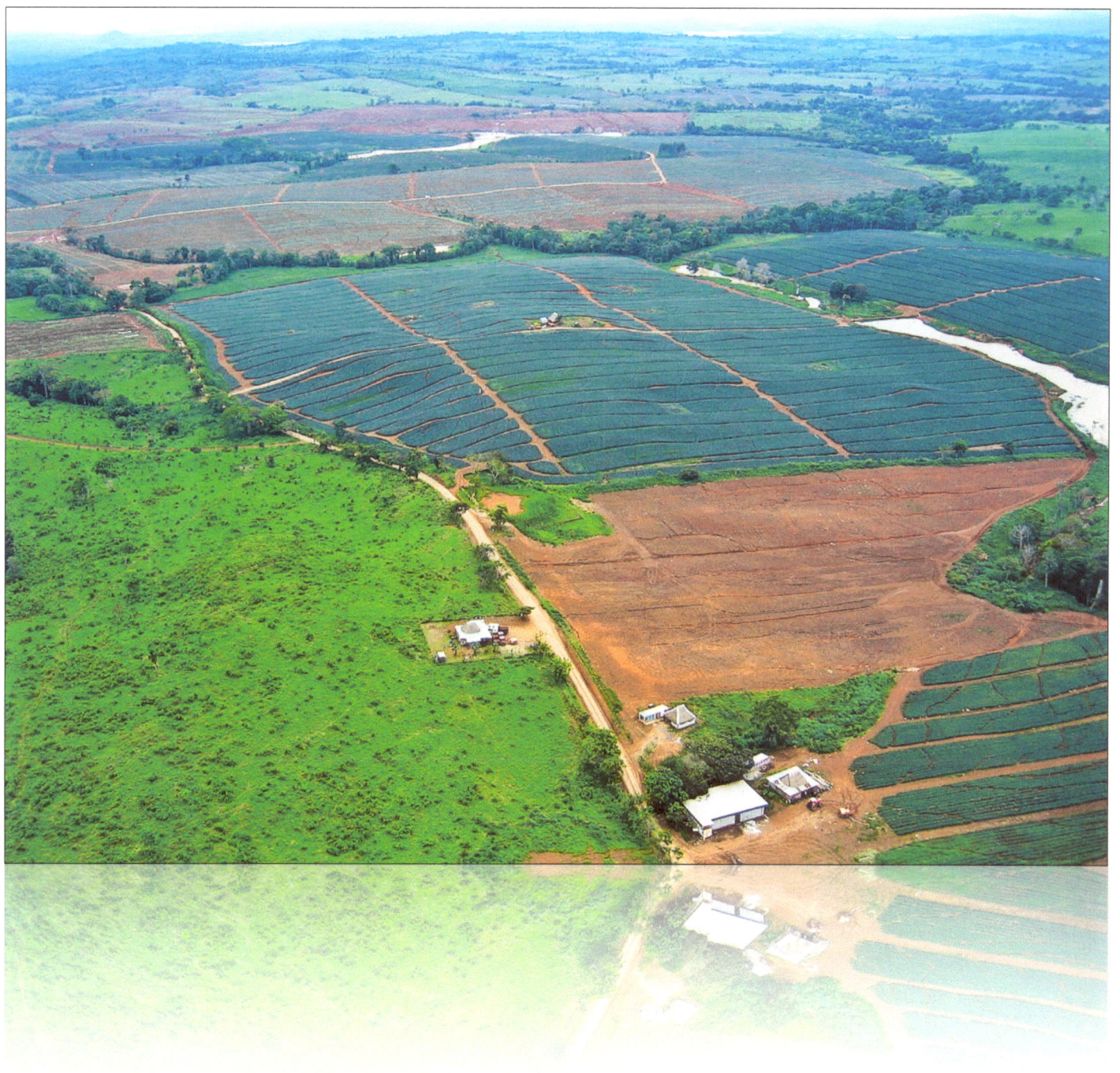

Quien junto al agua tiene su tierra, primero riega.

"Contraste de colores"
Buque en el lago Gatún próximo al poblado de Gamboa
26 de mayo de 2000

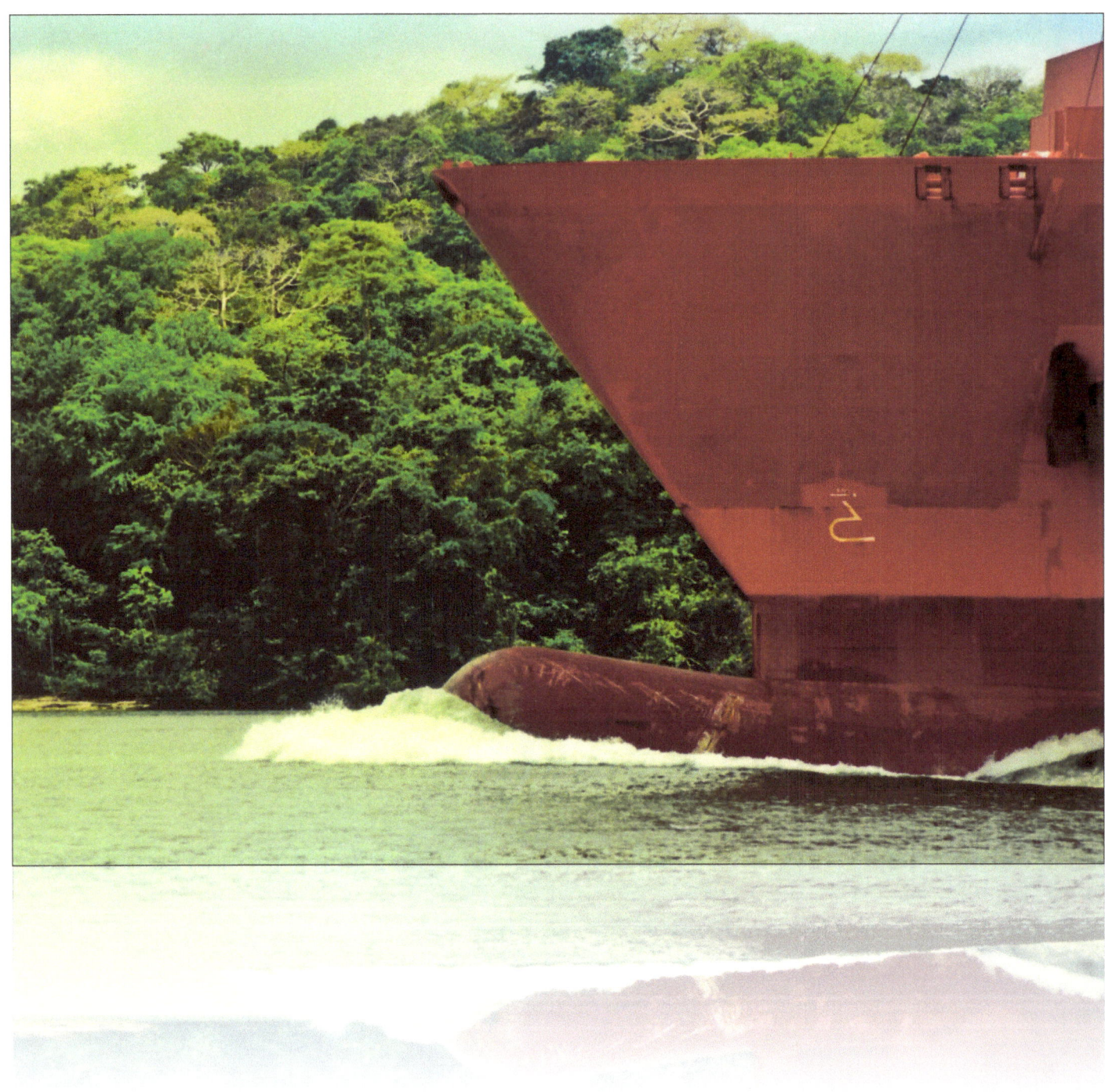

El movimiento se demuestra andando.

"Tecnología del siglo XXI"

Puente peatonal sobre el río Ciri Grande en la estación de Cañones
10 de febrero de 2000

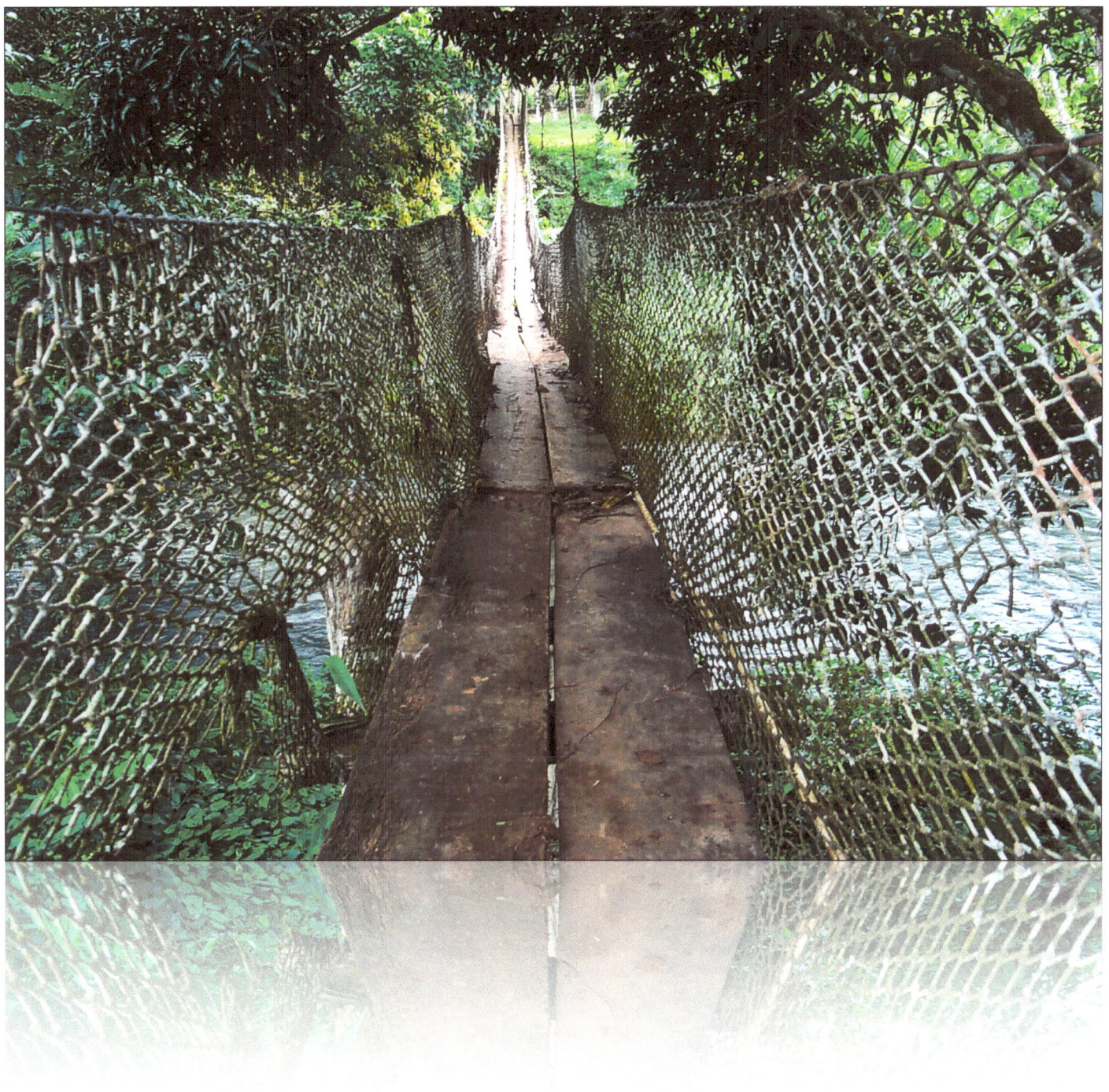

Desde entonces, ya ha pasado mucha agua bajo el puente.

"Mirada sutil"

Indígenas del poblado Emberá Drúa en su vestimenta tradicional
15 de enero de 2001

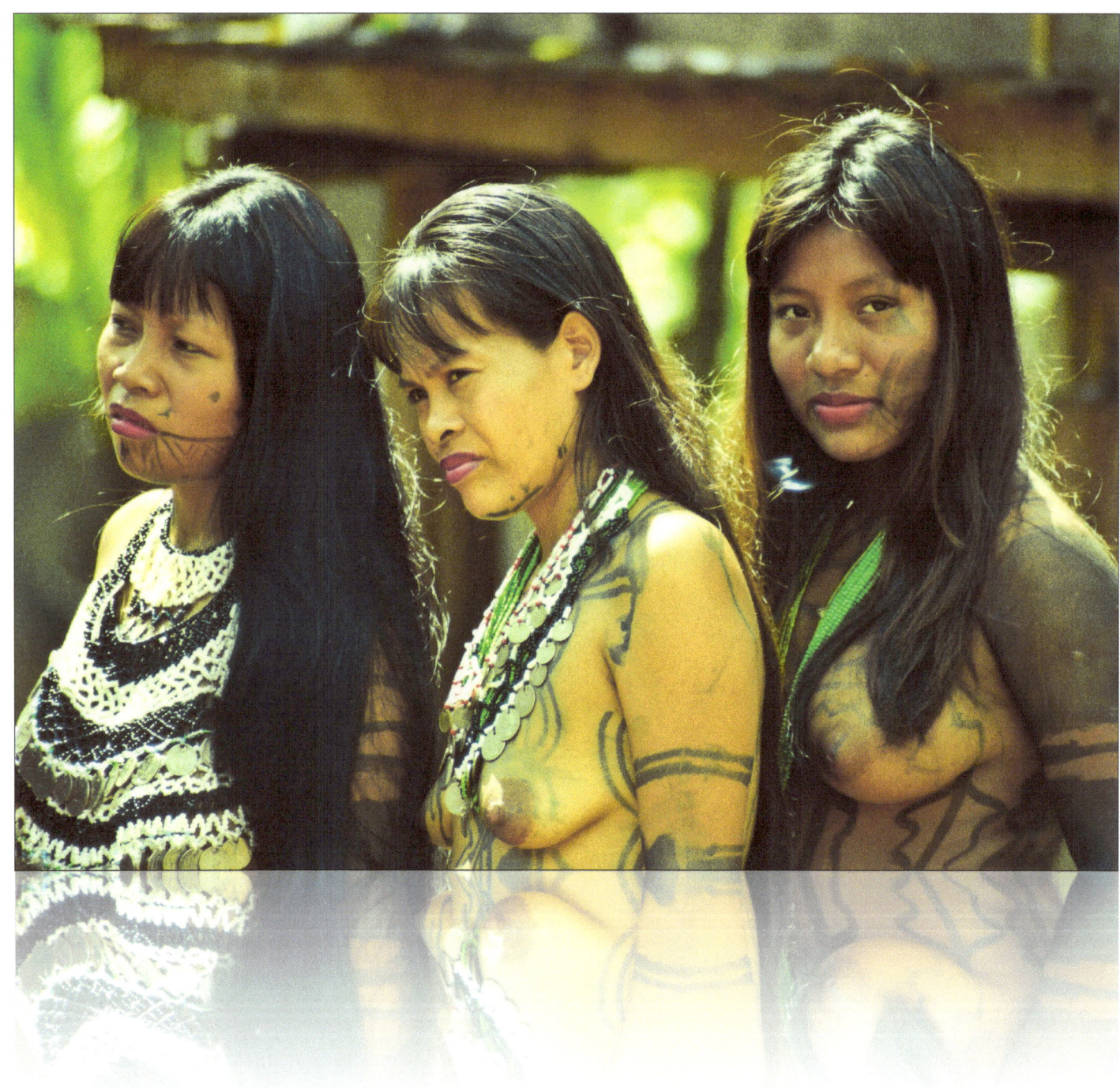

A veces no hacen falta palabras, con una mirada basta.

"El último adiós de un guayacán"

Lado oeste del Canal al inicio de los trabajos de ampliación
26 de febrero de 2008

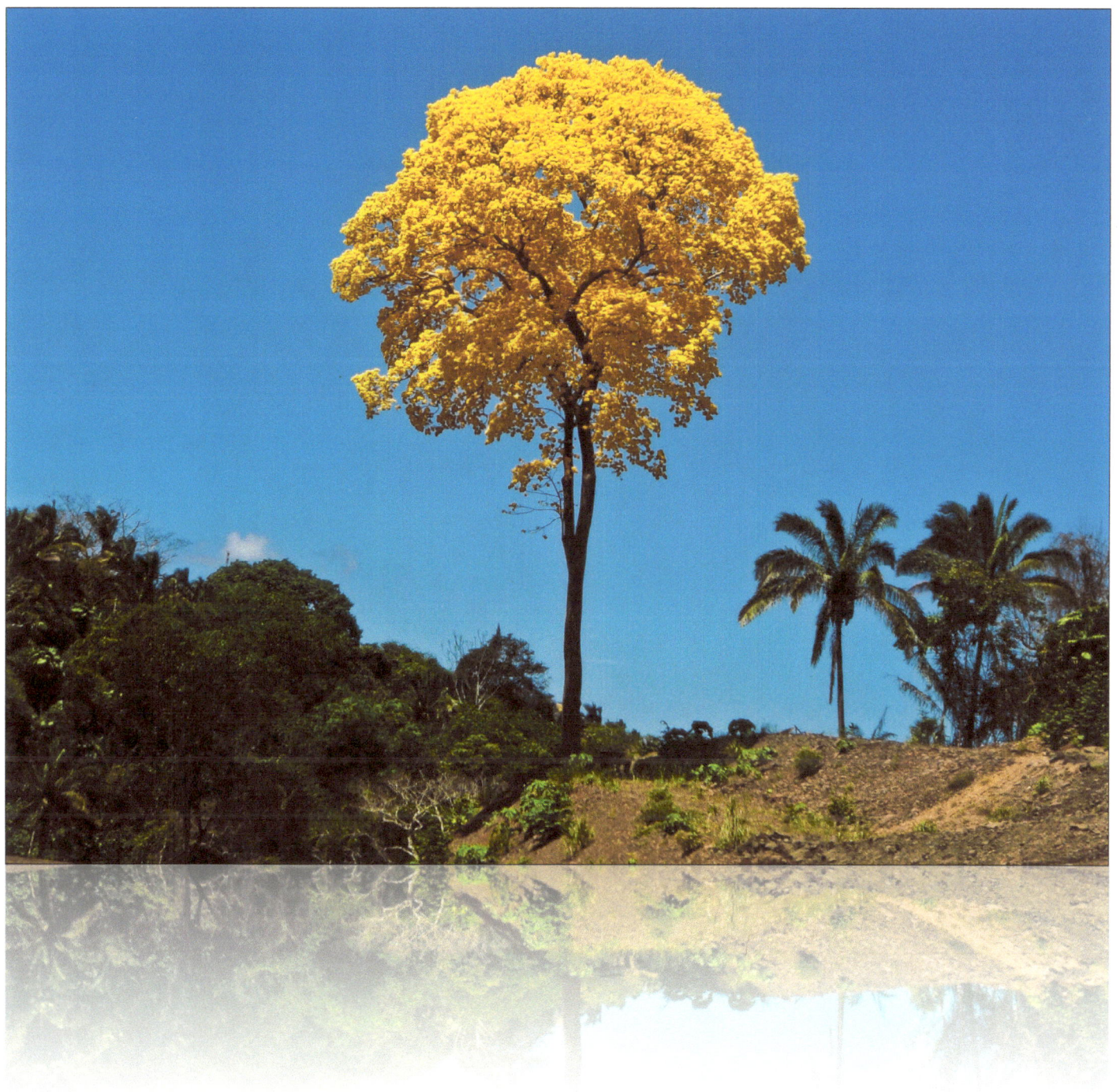

Una imagen dice más que mil palabras.

"Mes de la patria en Colón"
Derrames desde el vertedero del lago Gatún
21 de noviembre de 2001

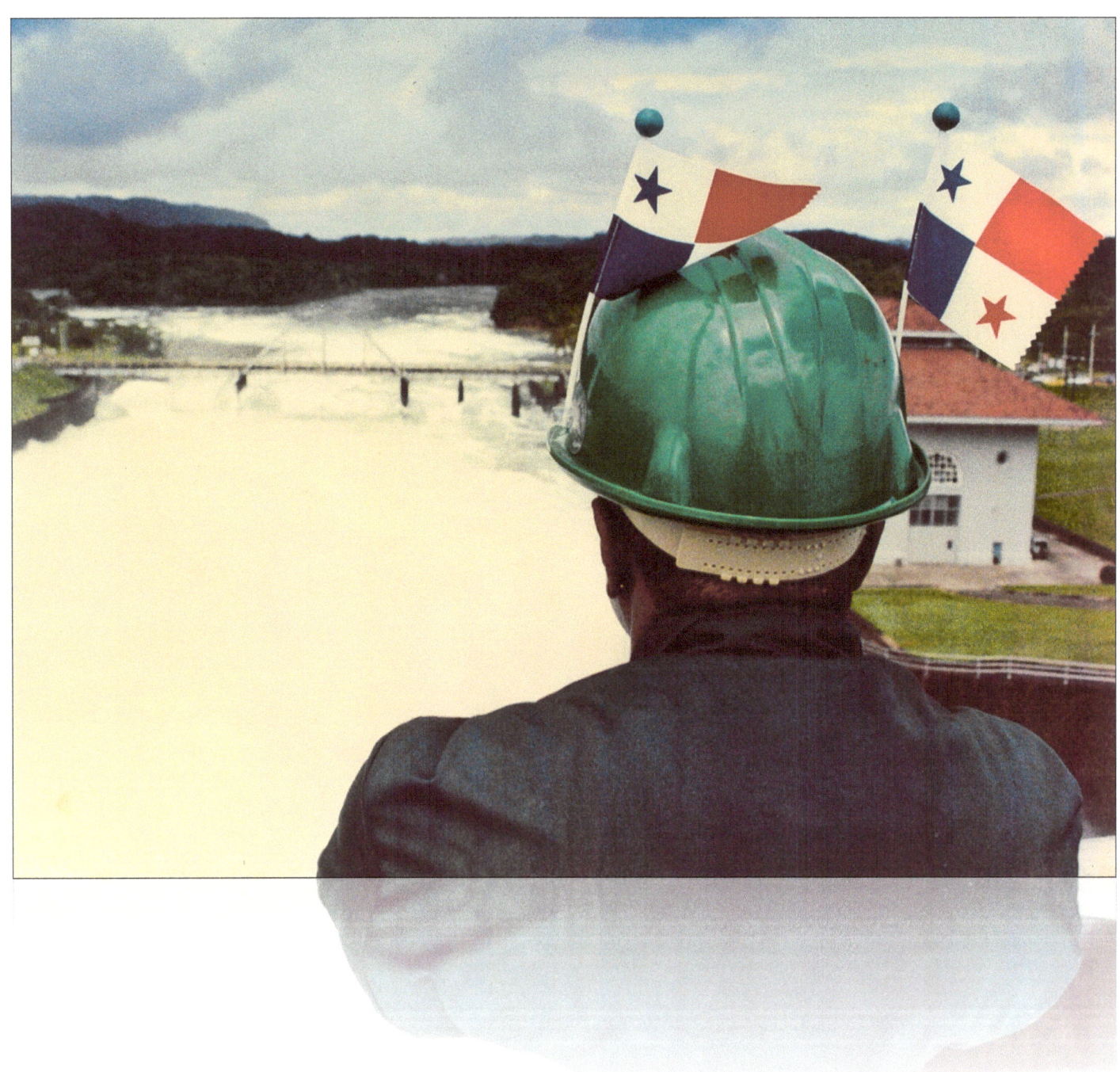

Donde bien me va, allí mi patria está.

"Amanecer antes de la competencia anual de cayucos"

Lago Gatún próximo al atajo Banana
3 de abril de 2004

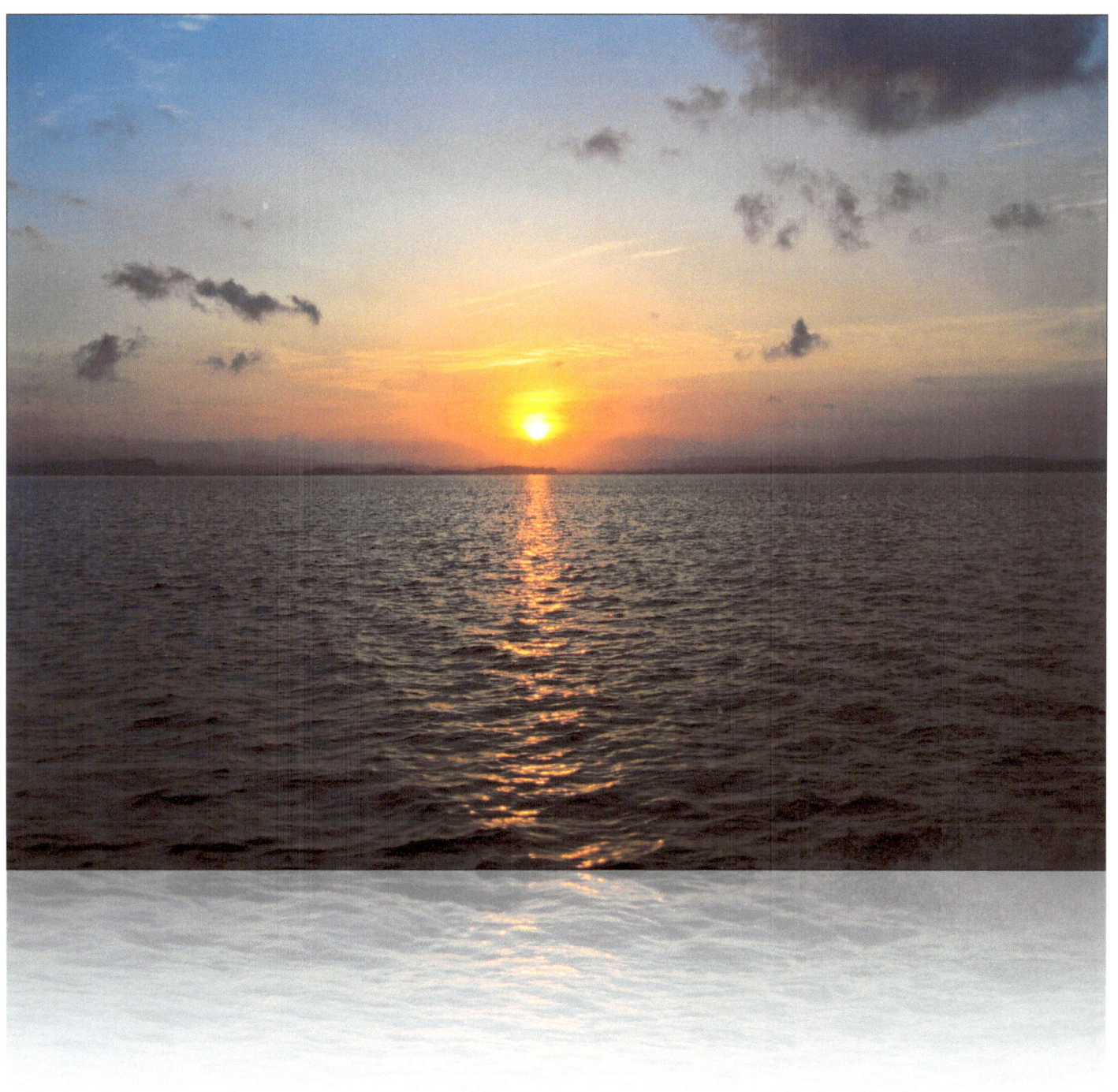

Es grandísimo placer contemplar el amanecer.

"La hija de la maestra"

Escuela pública del poblado de Arosemena contiguo al río Trinidad
25 de julio de 2001

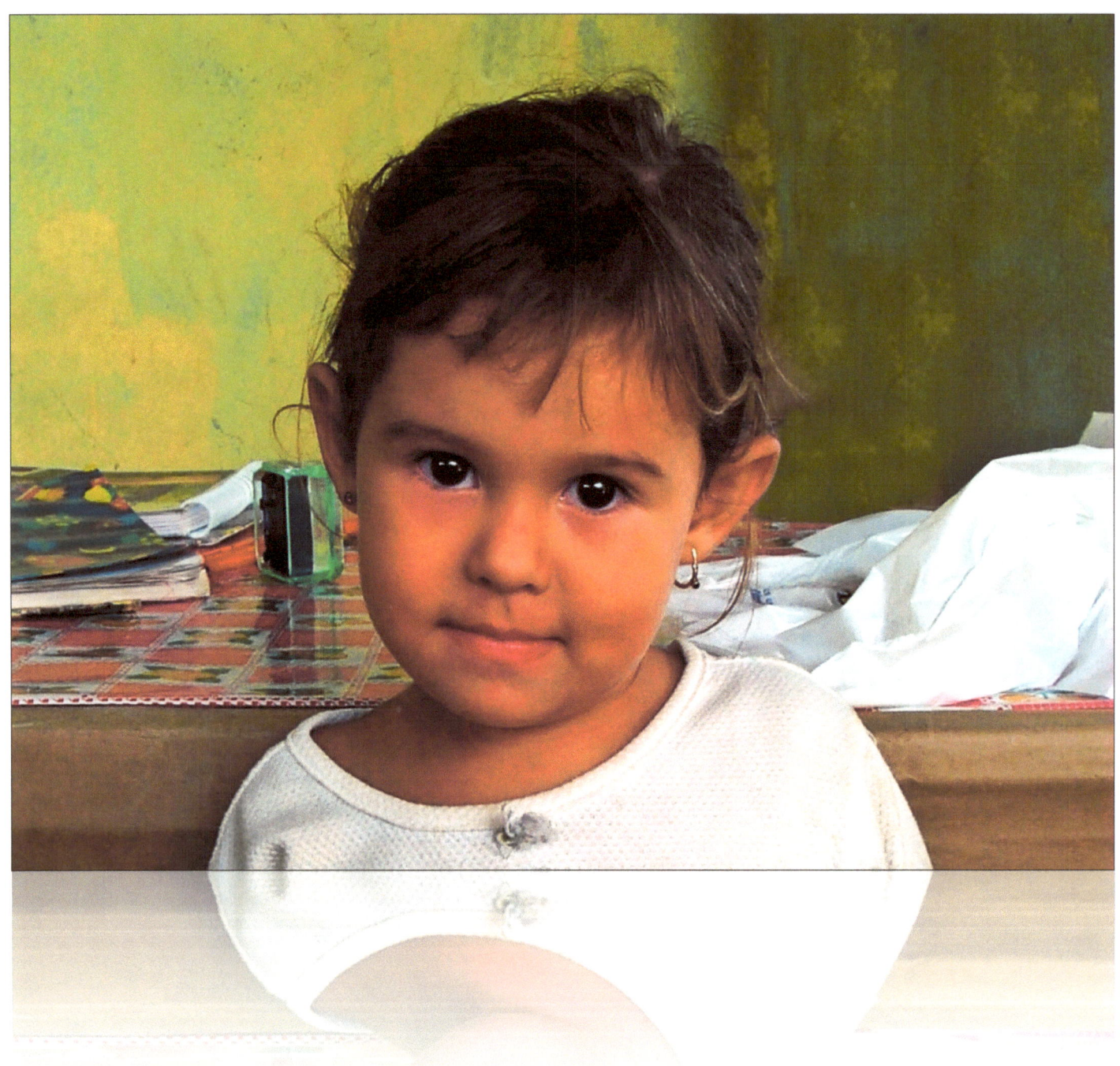

Corazón alegre, sabe hacer fuego con la nieve.

"La fiesta inolvidable"

Criadero de cocodrilos en el corregimiento de Chilibre
23 de noviembre de 2003

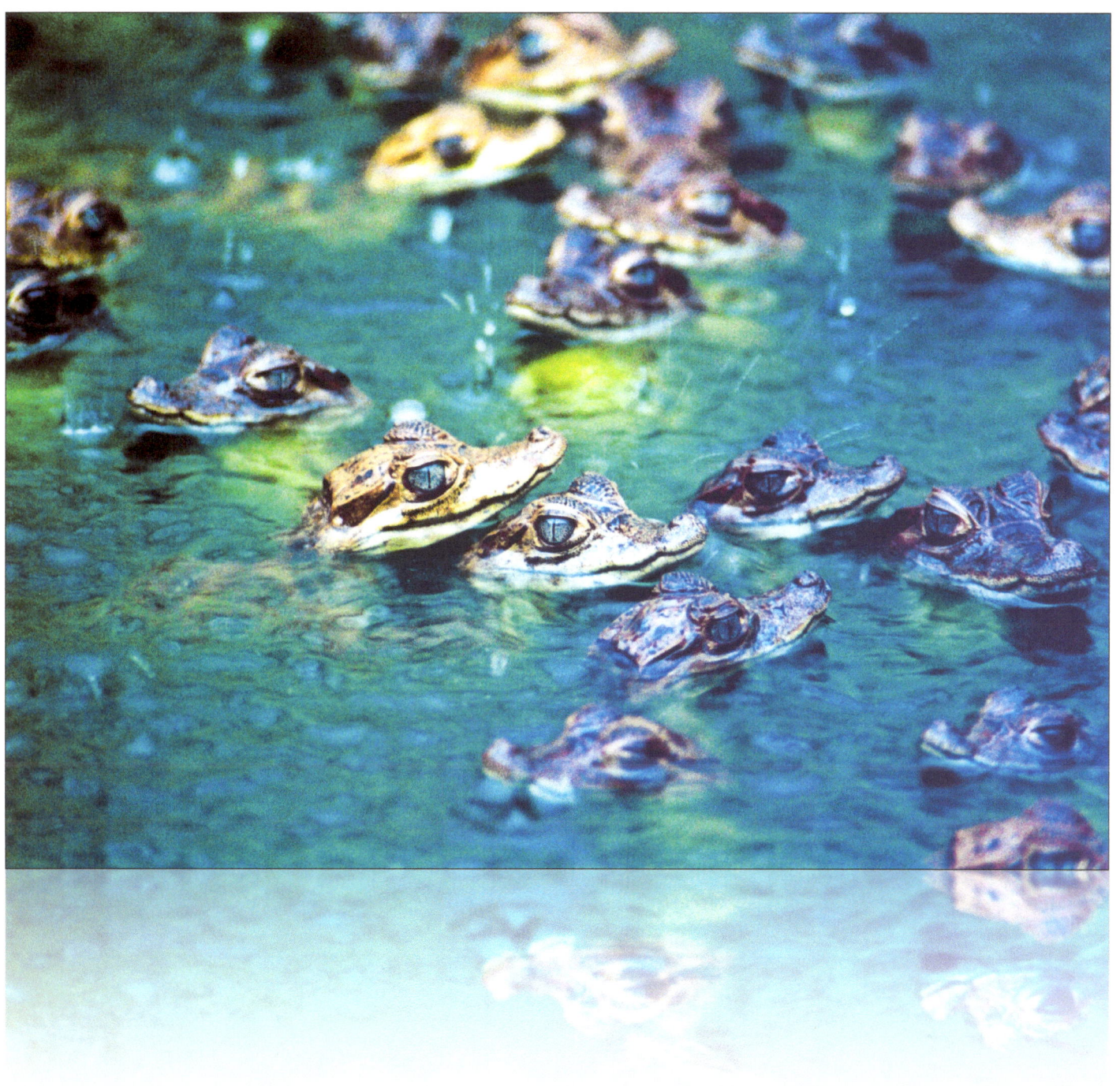

Juntos, pero no revueltos.

Diez años en la cuenca del Canal de Panamá
Canal, agua, gente y ambiente

Por: Jaime Massot Hernández

Prohibida la reproducción total o parcial de esta obra por cualquier medio o procedimiento sin la autorización escrita del autor.

Primera edición 2012
Segunda edición 2016
Tercera edición 2018

Impreso en los Estados Unidos de América.

Copyright © 2018 Jaime Massot Hernández.

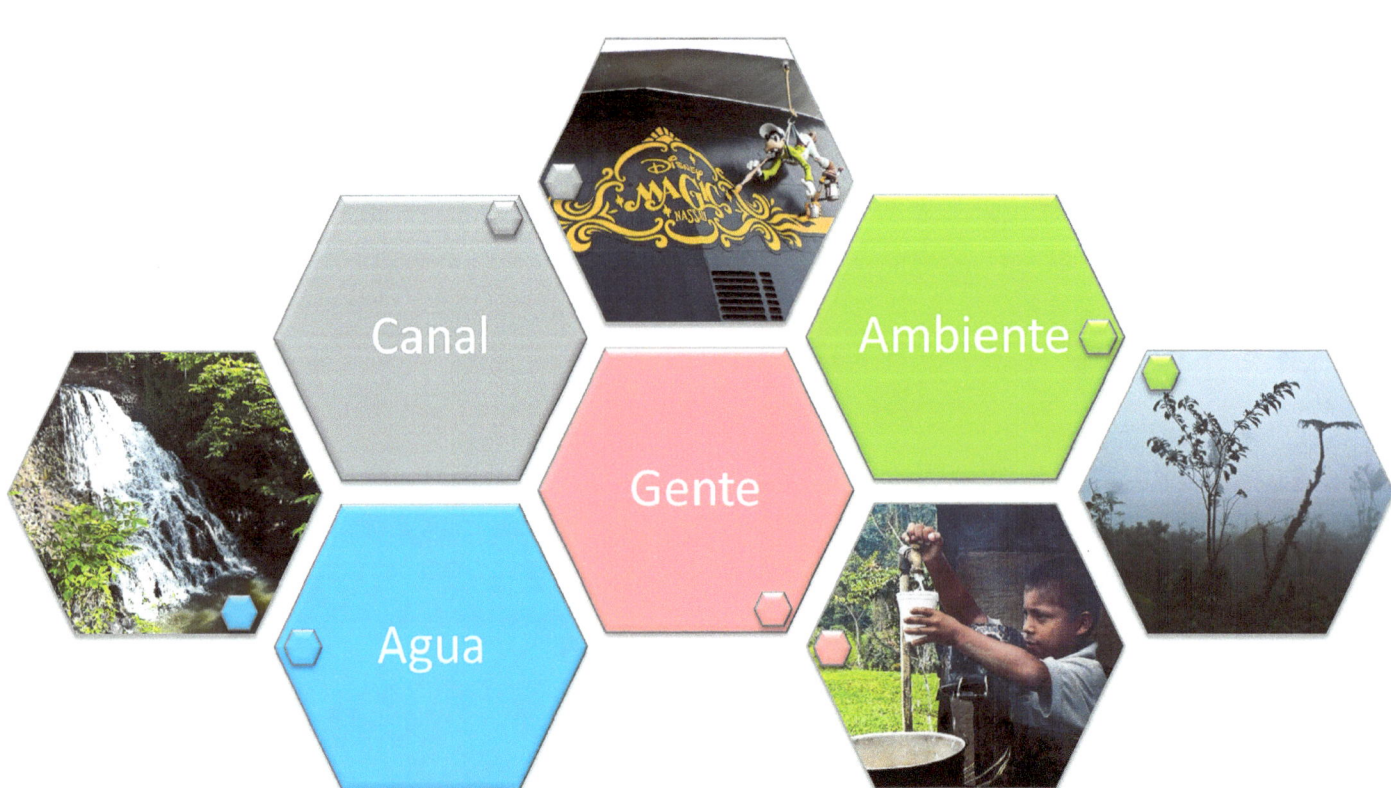